2015年度中国建筑业双200强企业研究报告

中国建筑业协会　编著

中国建筑工业出版社

图书在版编目（CIP）数据

2015年度中国建筑业双200强企业研究报告/中国建筑业协会编著.—北京：中国建筑工业出版社，2016.11
　　ISBN 978-7-112-20101-3

Ⅰ.①2… Ⅱ.①中… Ⅲ.①建筑企业—研究报告—中国—2015 Ⅳ.①F426.9

中国版本图书馆CIP数据核字（2016）第271275号

本书是国内第一套系统介绍"中国建筑业企业竞争力200强评价工作"和"中国建筑业成长性200强企业评价工作"，深入分析双200强企业竞争和成长实力著作的2015年度版，对引导建筑业企业学习借鉴先进企业经验，加快转变发展方式，不断提升竞争力，具有重要的借鉴价值。

本书可供广大建筑业企业的领导层及管理人员、高等院校和科研机构从事建筑经济管理研究的理论工作者阅读参考。

责任编辑：赵晓菲　朱晓瑜
责任校对：王宇枢　关　健

2015年度中国建筑业双200强企业研究报告
中国建筑业协会　编著
*
中国建筑工业出版社出版、发行（北京西郊百万庄）
各地新华书店、建筑书店经销
北京京点图文设计有限公司制版
北京君升印刷有限公司印刷
*
开本：787×1092毫米　1/16　印张：8¾　字数：129千字
2016年11月第一版　2016年11月第一次印刷
定价：35.00元
ISBN 978-7-112-20101-3
（29548）

版权所有　翻印必究
如有印装质量问题，可寄本社退换
（邮政编码 100037）

《2015 年度中国建筑业双 200 强企业研究报告》编委会

主　　任：王铁宏

副 主 任：吴　涛

编　　委：李　蓬　景　万　刘宇林　赵　峰　王秀兰
　　　　　周福民　王要武　王　昭　李燕鹏　王凤起
　　　　　刘　蕾　石　卫　高　波　李燕爱　周景梅
　　　　　王承玮

主　　编：吴　涛　王要武

副 主 编：赵　峰　王承玮

成　　员：吴　涛　赵　峰　王要武　王承玮　江兆尧
　　　　　杨志和　冯凯伦　陈石玮　袁振民　金　玲
　　　　　李雪菊

前　言

为了解和掌握行业发展情况，更好地引导和促进建筑业企业科学发展，树立行业品牌，中国建筑业协会研究决定，2016年起将"中国建筑业双百强企业评价"调整为"中国建筑业双200强企业评价"（包括中国建筑业竞争力200强企业评价和中国建筑业成长性200强企业评价，简称：竞争力200强评价和成长性200强评价）。《2015年度中国建筑业双200强企业研究报告》对2015年度双200强评价工作进行了系统的介绍，并对双200强企业进行了翔实的分析。

全书共分4章。

第1章中国建筑业双200强企业评价概述。系统地介绍了中国建筑业企业双200强评价的背景、双200强评价指标及数据的选取、企业竞争力指数和成长性指数的计算方法、双200强评价的组织机构与运作程序，刊登了2015年度中国建筑业企业双200强企业名单。

第2章2015年度中国建筑业竞争力200强企业分析。通过对2015年度竞争力200强企业的基本情况和其在建筑业发展中地位的阐述，分析了2015年度中国建筑业竞争力200强企业的总体情况；从营业收入、建筑业总产值、境外营业额、外省完成产值、新签合同额、资产总计、所有者权益等方面，进行了竞争力200强企业的规模分析；通过对利润总额、主营业务利润、主营业务税金及附加等指标的解析，阐述了竞争力200强企业的效益状况；从获取国家级科技进步奖项、国家级工法、发明类专利、中国建设工程鲁班奖（国家优质工程）、全国五一劳动奖状、全国文明单位（或企业文化先进单位）等方面，对竞争力200强企业的科技、质量和精神文明状况进行了分析。

第3章2015年度中国建筑业成长性200强企业分析。通过对2015

年度成长性200强企业的基本情况和其在建筑业发展中地位的阐述，分析了2015年度中国建筑业成长性200强企业的总体情况；从营业总收入、建筑业总产值、在外省完成产值、新签合同额、资产总计等方面，进行了成长性200强企业的规模成长性分析；通过对利润总额、主营业务利润、主营业务税金及附加等指标的解析，阐述了成长性200强企业的效益成长性；从获取国家级科技进步奖项、国家级工法、发明类专利、中国建设工程鲁班奖（国家优质工程）、全国五一劳动奖状、全国文明单位（或企业文化先进单位）、省部级工法、省部级优质工程奖等方面，对成长性200强企业的科技、质量和精神文明状况进行了分析。

第4章 2015年度中国建筑业双200强企业比较分析。对2015年度中国建筑业竞争力200强企业在2016中国企业500强中的位置，双200强企业与ENR全球承包商250强，竞争力200强企业与ENR国际承包商250强进行了对比分析。

本书是国内第一套系统介绍"中国建筑业竞争力200强企业评价工作"和"中国建筑业成长性200强企业评价工作"，深入分析双200强企业竞争和成长实力著作的2015年度版，对引导建筑业企业学习借鉴先进企业经验，转变发展方式，不断提升竞争力，具有重要的借鉴价值。可供广大建筑业企业的领导层及管理人员、高等院校和科研机构从事建筑经济管理研究的理论工作者阅读参考。

本书由吴涛、王要武、赵峰策划并统稿，参加各章编写的主要人员有：冯凯伦、王承玮（第1章），陈石玮、江兆尧（第2章），袁振民、金玲（第3章），杨志和、李雪菊（第4章）。

限于时间和水平，本书错讹之处在所难免，敬请广大读者批评指正。

本书编委会
2016年10月

目 录

第1章 中国建筑业双200强企业评价概述 ················· 1

   1.1 中国建筑业双200强企业评价的背景 ················· 1

   1.2 竞争力200强企业评价指标与数据选取 ················· 2

   1.3 成长性200强企业评价指标及数据的选取 ················· 5

   1.4 企业竞争力指数和成长性指数的计算 ················· 8

   1.5 2015年度双200强企业评价的实施 ················· 14

第2章 2015年度中国建筑业竞争力200强企业分析 ········· 38

   2.1 竞争力200强企业总体情况 ················· 38

   2.2 竞争力200强企业规模分析 ················· 40

   2.3 竞争力200强企业效益分析 ················· 54

   2.4 竞争力200强企业科技、质量和精神文明状况分析 ········· 60

第3章 2015年度中国建筑业成长性200强企业分析 ······ 73

3.1 成长性200强企业的总体情况 ······ 73
3.2 成长性200强企业规模成长性分析 ······ 77
3.3 成长性200强企业效益成长性分析 ······ 92
3.4 成长性200强企业科技、质量和精神文明状况分析 ······ 99

第4章 2015年度中国建筑业双200强企业比较分析 ······ 108

4.1 竞争力200强企业与中国企业500强的对比分析 ······ 108
4.2 双200强企业与全球承包商250强的对比分析 ······ 115
4.3 竞争力200强企业与国际承包商250强的对比分析 ······ 123

第1章 中国建筑业双200强企业评价概述

1.1 中国建筑业双200强企业评价的背景

1.1.1 中国建筑业双200强企业评价的目的

为了解和掌握行业发展情况,更好地引导和促进建筑业企业科学发展,树立行业品牌,中国建筑业协会研究决定,2016年起将"中国建筑业双百强企业评价"调整为"中国建筑业双200强企业评价"(包括中国建筑业竞争力200强企业评价和中国建筑业成长性200强企业评价,简称:竞争力200强企业评价和成长性200强企业评价)。

竞争力200强企业评价是对综合实力强、在行业内处于领先地位的企业进行的综合性评价,成长性200强企业评价是对成长迅速、发展潜力大的企业进行的综合性评价。

中国建筑业双200强企业评价是一项行业公益性活动,遵循为企业服务、不以盈利为目的和自愿、公开、公正的原则。

中国建筑业双200强企业评价每年进行一次,由中国建筑业协会组织。

1.1.2 中国建筑业双200强企业的申请条件

申请参加中国建筑业双200强企业评价的企业须具备以下条件:
(1)取得施工总承包或专业承包资质证书的建筑业企业;
(2)上一年度未发生较大及以上生产安全事故;
(3)上一年度未发生直接经济损失100万元以上的质量事故;
(4)上一年度未发生有重大社会不良影响的失信行为。

同时申请参加竞争力200强企业评价和成长性200强企业评价的企业,需同时报送竞争力200强企业评价申报资料和成长性200强企业评价申报资料。

1.1.3 参加中国建筑业双 200 强企业评价的申报资料要求

申请参加竞争力 200 强企业评价的企业，须报送以下资料：

（1）《中国建筑业竞争力 200 强企业评价申报表》；

（2）经审计后加盖公章的上一年度资产负债表和利润表；

（3）申报表中 E 项所列奖项证书的电子版扫描件。

申请参加成长性 200 强企业评价的企业，须报送以下资料：

（1）《中国建筑业成长性 200 强企业评价申报表》；

（2）经审计后加盖公章的近 3 年资产负债表和利润表；

（3）申报表中 E 项所列奖项证书的电子版扫描件。

申报资料须按申报表、资产负债表和利润表的顺序装订成册，奖项证书扫描件的电子版使用光盘或 U 盘报送。

企业须将申报资料向所在省、自治区、直辖市建筑业协会或有关行业建设协会报送，经其审核盖章后，向中国建筑业协会报送一份。

1.2 竞争力 200 强企业评价指标与数据选取

1.2.1 竞争力 200 强企业评价指标的确定

中国建筑业竞争力 200 强企业评价指标包含：综合指标；经营规模、资产规模、盈利能力、上缴税金、科技、质量精神文明 5 个方面的分类指标和 16 项分类细化指标。相应的评价指标分类及权重见表 1-1。

1.2.2 竞争力 200 强企业评价指标数据选取

1. 经营规模分类细化指标

经营规模类指标包括 5 项分类细化指标，采用申报企业上一年度数据。

（1）全年营业收入合计。指企业全年生产经营活动中通过销售商品或提供劳务以及让渡资产取得的收入。营业收入合计分为主营业务收入和其他业务收入。全年营业收入合计根据企业会计"利润表"中的"主营业务收入"的本年累计数与"其他业务收入"的本年累计数之和填写。

（2）建筑业总产值。是以货币表现的建筑业企业在一定时期内生产的建筑业产品和服务的总和，包括建筑工程产值、安装工程产值和其他产值三部分内容。

（3）在境外完成的营业额。指建筑业企业在报告期内在国外及我国港、澳、台地区等区域所有经营活动的货币表现。

（4）新签工程承包合同额。指建筑业企业在报告期内同建设单位直接新签订的各种国内工程合同的总价款，不包括与其他建筑业企业新签的分包合同额。

（5）在外省完成的产值。在外省完成的产值指建筑业企业在其他省份施工所完成的建筑业产值。

中国建筑业竞争力200强企业评价指标分类及权重表　　　表1-1

综合指标	分类指标			分类细化指标		
	代码	指标名称	权重值	代码	指标名称	权重值
建筑业企业竞争力指数S（总权重值100）	A	经营规模	65	A1	全年营业收入合计	30
				A2	建筑业总产值	15
				A3	在境外完成的营业额	10
				A4	新签工程承包合同额	5
				A5	在外省完成的产值	5
	B	资产规模	6	B1	资产总计	3
				B2	所有者权益合计	3
	C	盈利能力	10	C1	利润总额	5
				C2	主营业务利润	5
	D	上缴税金	4	D1	主营业务税金及附加	4

续表

综合指标	分类指标			分类细化指标		
	代码	指标名称	权重值	代码	指标名称	权重值
建筑业企业竞争力指数S（总权重值100）	E	科技、质量精神文明	15	E1	国家级科技进步奖	3
				E2	国家级工法	3
				E3	发明类专利	3
				E4	全中国建设工程鲁班奖（国家优质工程）	4
				E5	国五一劳动奖状	1
				E6	全国文明单位	1

2. 资产规模分类细化指标

资产规模类指标设置2项分类细化指标，采用申报企业上一年度数据。

（1）资产总计。指企业拥有或控制的能以货币计量的经济资源，包括各种财产、债权和其他权利。资产按其流动性（即资产的变现能力和支付能力）划分为：流动资产、长期投资、固定资产、无形资产、递延资产和其他资产。资产总计根据企业会计"资产负债表"中"资产总计"项的期末数填写。

（2）所有者权益合计。指企业投资者对企业净资产的所有权。所有者权益合计根据企业会计"资产负债表"中"所有者权益合计"项的期末数填写。

3. 盈利能力分类细化指标

盈利能力类指标包括2项分类细化指标，采用申报企业上一年度数据。

（1）利润总额。指企业在生产经营过程中各种收入扣除各种耗费后的盈余，反映企业在报告期内实现的盈亏总额，包括营业利润、补贴收入、投资净收益和营业外收支净额。根据会计"利润表"中对应指标的本期累计数填写。

（2）主营业务利润。指企业经营主要业务实现的利润，计算公式为：主营业务利润＝主营业务收入－主营业务成本－主营业务税金及附加。

4. 上缴税金分类细化指标

上缴税金类指标只设置主营业务税金及附加1项分类细化指标，采用申报企业上一年度数据。

主营业务税金及附加指企业经营主要业务应负担的营业税、消费税、城市维护建设税、资源税、土地增值税、教育费附加。主营业务税金及附加根据会计"利润表"中对应指标的本年累计数填写。

5. 科技、质量精神文明分类细化指标

科技、质量精神文明类指标包括6项分类细化指标。

（1）国家级科技进步奖。采用申报企业最近三个年度获得的国家级科技进步奖数量之和。

（2）国家级工法。采用申报企业最近三个年度获得的国家级工法数量之和。

（3）发明类专利。采用申报企业最近三个年度获得的发明类专利（不含实用新型专利和外观设计专利）数量之和。

（4）中国建设工程鲁班奖（国家优质工程）。采用申报企业最近三个年度获得的中国建设工程鲁班奖（国家优质工程）数量之和。

（5）全国五一劳动奖状。采用申报企业最近三个年度获得的全国五一劳动奖状数量之和。

（6）全国文明单位。采用申报企业最近三个年度获得的全国文明单位数量之和。

1.3 成长性200强企业评价指标及数据的选取

1.3.1 成长性200强企业评价指标的确定

中国建筑业成长性200强企业评价指标包含：综合指标；经营规模，资产规模，盈利能力，上缴税金，科技、质量精神文明5个分类指标和17项分类细化指标。相应的评价指标分类及权重见表1-2。

中国建筑业成长性200强企业评价指标分类及权重表　　表1-2

综合指标	分类指标			分类细化指标		
	代码	指标名称	权重值	代码	指标名称	权重值
建筑业企业成长性指数T（总权重值100）	A	经营规模	65	A1	全年营业收入合计	30
				A2	建筑业总产值	20
				A3	在外省完成的产值	5
				A4	新签工程承包合同额	10
	B	资产规模	6	B1	资产总计	3
				B2	所有者权益合计	3
	C	盈利能力	10	C1	利润总额	5
				C2	主营业务利润	5
	D	上缴税金	4	D1	主营业务税金及附加	4
	E	科技、质量精神文明	15	E1	国家级科技进步奖	2
				E2	国家级工法	2
				E3	发明类专利	2
				E4	中国建设工程鲁班奖（国家优质工程）	3
				E5	全国五一劳动奖状	1
				E6	全国文明单位	1
				E7	省部级工法	2
				E8	省部级优质工程奖	2

（注：总权重85对应A、B合计）

1.3.2　成长性200强企业评价指标数据选取

1. 经营规模分类细化指标

经营规模类指标包括4项分类细化指标。

（1）全年营业收入合计。采用申报企业最近三个年度全年营业收入之和的平均值。

（2）建筑业总产值。采用申报企业最近三个年度建筑业总产值的平均值。

（3）在外省完成的产值。采用申报企业最近三个年度在外省完成的产值的平均值。

（4）新签工程承包合同额。采用申报企业最近三个年度新签工程承包合同额的平均值。

2. 资产规模分类细化指标

资产规模类指标包括2项分类细化指标。

（1）资产总计。采用申报企业最近三个年度资产总计的平均值。

（2）所有者权益合计。采用申报企业最近三个年度所有者权益合计的平均值。

3. 盈利能力分类细化指标

（1）利润总额。采用申报企业最近三个年度利润总额的平均值。

（2）主营业务利润。采用申报企业最近三个年度主营业务利润的平均增长率。

4. 上缴税金分类细化指标

只设置主营业务税金及附加1项分类细化指标。采用申报企业最近三个年度主营业务税金及附加的平均值。

5. 科技、质量精神文明分类细化指标

科技、质量精神文明类指标包括8项分类细化指标。

（1）国家级科技进步奖。采用申报企业最近三个年度获得的国家级科技进步奖数量之和。

（2）国家级工法。采用申报企业最近三个年度获得的国家级工法数量之和。

（3）发明类专利。采用申报企业最近三个年度获得的发明类专利（不含实用新型专利和外观设计专利）数量之和。

（4）中国建设工程鲁班奖（国家优质工程）。采用申报企业最近三个年度获得的中国建设工程鲁班奖（国家优质工程）数量之和。

（5）全国五一劳动奖状。采用申报企业最近三个年度获得的全国五一劳动奖状数量之和。

（6）全国文明单位。采用申报企业最近三个年度获得的全国文明单位数量之和。

（7）省部级工法。采用申报企业最近三个年度获得的省部级工法数量之和。

（8）省部级优质工程奖。采用申报企业最近三个年度获得的省部级优质工程奖数量之和。

1.4 企业竞争力指数和成长性指数的计算

1.4.1 企业竞争力指数计算

1. 计算方法

企业竞争力指数 S 的计算方法是：根据申报企业的上报数据，计算所有申报企业每一项分类细化指标数据之和；计算申报企业 16 项分类细化指标数据占该分类细化指标数据之和的比例；对 16 项分类细化指标比例乘以该分类细化指标权重值求和，所得数值即为企业竞争力指数 S。

2. 计算示例

为简明计算，假设申报企业只有甲、乙、丙 3 家。甲、乙、丙企业均为特级资质。3 家企业上报的各项分类细化指标见表 1-3 第（2）、（3）、（4）项数据。

（1）计算各项分类细化指标所有企业的总计值。以"全年营业收入合计"指标为例，所有企业的总计值应为申报参加竞争力 200 强企业评价的 3 家企业 2015 年"全年营业收入合计"数据的总和，计算结果为 35382683 万元。各项分类细化指标所有企业的总计值见表 1-3 中第（5）项数据。

（2）计算每一家企业各项分类细化指标数据在该项指标数据总和中所占的比值。以甲企业"全年营业收入合计"指标为例，其比值应为：14364692/35382683=0.405981。甲、乙、丙 3 家企业各项分类细化指标所占的比值分别为表 1-3 中第（2）、（3）、（4）项数据与第（5）项数据的比值。

（3）计算每家企业各项分类细化指标的得分值。以甲企业"全年营业收入合计"指标为例，其得分值应为：0.405981×30=12.179426。甲、乙、丙3家企业各项分类细化指标的得分值分别见表1-3中的（6）、（7）、（8）项数据。

（4）计算每家企业的竞争力指数S。将甲、乙、丙3家企业的所有分类细化指标得分值分别求和，得到各家企业的总分，见表1-3中（6）、（7）、（8）各项数据的合计值。3家企业的竞争力指数S分别为36.865008、35.125956和28.009036。

1.4.2 企业成长性指数计算

1. 计算方法

企业成长性指数T的计算方法是：根据申报企业的上报数据，计算所有申报企业每一项分类细化指标数据之和；计算申报企业17项分类细化指标数据占该分类细化指标数据之和的比例；对17项分类细化指标比例乘以该分类细化指标权重值求和，所得数值即为企业竞争力指数T。具体计算步骤如下：

（1）企业数据的预处理。将所有企业数据按照5个分类指标17项分类细化指标分为三个类别：经营规模中的4项分类细化指标、资产规模中的2项分类细化指标、盈利能力中的利润总额指标。上缴税金中的主营业务税金及附加为第一类指标，盈利能力中的主营业务利润为第二类指标，科技、质量精神文明中的全部8项分类细化指标为第三类指标。对三类指标下各项分类细化指标数据按照如下方法进行预处理：第一类分类细化指标数据采用企业上报最近三年的每一项指标数据总和的平均值；第二类分类细化指标数据采用企业上报最近三年指标的平均增长率；第三类分类细化指标直接采用企业上报的数据。

（2）将所有企业的预处理后的同一项指标数据求和，计算出各项分类细化指标所有企业的总计值。

（3）计算出每一家企业各项分类细化指标数据在该项指标数据总和中所占的比值。

2015年度中国建筑业双200强企业研究报告

甲、乙、丙企业竞争力指数S计算表

表1-3

分类细化指标	权重(1)	企业申报数据				得分		
		甲企业(2)	乙企业(3)	丙企业(4)	(5)=(2)+(3)+(4)	(6)=(2)/(5)×(1) 甲企业	(7)=(3)/(5)×(1) 乙企业	(8)=(4)/(5)×(1) 丙企业
全年营业收入合计(万元)	30	14364692	12790498	8227493	35382683	12.179426	10.844710	6.975864
建筑业总产值(万元)	15	14364692	12790498	5647503	32802693	6.568680	5.848833	2.582487
在境外完成的营业额(万元)	10	260000	294209	1758384	2312593	1.124279	1.272203	7.603518
新签工程承包合同额(万元)	5	26130000	21911643	18159829	66201471	1.973521	1.654921	1.371558
在外省完成的产值(万元)	5	14364472	10518504	3205787	28088763	2.556978	1.872369	0.570653
资产总计(万元)	3	12269874	9594829	12762977	34627680	1.063011	0.831257	1.105732
所有者权益合计(万元)	3	1988041	1777759	2810082	6575882	0.906969	0.811036	1.281995
利润总额(万元)	5	465088	425158	439849	1330096	1.748326	1.598224	1.653449
主营业务利润(万元)	5	748426	732912	399599	1880937	1.989505	1.948262	1.062233
主营业务税金及附加(万元)	4	375361	416931	191082	983374	1.526829	1.695920	0.777251
国家级科技进步奖(项)	3	3	3	1	7	1.285714	1.285714	0.428571
国家级工法(项)	3	13	23	16	52	0.75	1.326923	0.923077
发明类专利(项)	3	100	151	155	406	0.738916	1.115764	1.145320
中国建设工程鲁班奖(国家优质工程)(项)	4	12	23	2	37	1.297297	2.486486	0.216216
全国五一劳动奖状(项)	1	5	3	1	9	0.555556	0.333333	0.111111
全国文明单位(项)	1	3	1	1	5	0.6	0.2	0.2
合计	100	—	—	—	—	36.865008	35.125956	28.009036

(4)将(3)中得到的比值数据与对应指标的权重值相乘,得到企业各项分类细化指标得分值。

(5)将每一家企业的所有分类细化指标得分值求和,得到该企业的总分,即为"成长性指数T"。

2. 计算示例

为简明计算,假设申报企业只有甲、乙、丙3家。3家企业上报的各项分类细化指标数据如表1-4所示。

(1)企业数据的预处理。第一类分类细化指标数据,以甲企业"全年营业收入总计"指标为例,3年的平均值应为:(710019+625718+551970)/3=629235.8万元;第二类分类细化指标数据,以甲企业"主营业务利润"指标为例,应为:$(12163/7353)^{0.5}-1=0.286165$;第三类分类细化指标数据直接采用企业上报的数据。甲、乙、丙3家企业预处理后的数据见表1-5中第(2)、(3)、(4)项数据。

(2)计算各项分类细化指标所有企业的总计值。以"全年营业收入合计"指标为例,所有企业的总计值应为申报参加成长性200强企业评价的3家企业"全年营业收入合计"数据预处理后的总和,计算结果为2570151.9万元。各项分类细化指标所有企业的总计值见表1-5中第(5)项数据。

(3)计算每一家企业各项分类细化指标数据在该项指标数据总和中所占的比值。以甲企业"全年营业收入合计"指标为例,其比值应为:629235.8/2570151.9=0.244824。甲、乙、丙3家企业各项分类细化指标所占的比值分别为表1-5中第(2)、(3)、(4)项数据与第(5)项数据的比值。

(4)计算每家企业各项分类细化指标的得分值。以甲企业"全年营业收入合计"指标为例,其得分值应为:0.244824×30=7.344731。甲、乙、丙3家企业各项分类细化指标的得分值见表1-5中的(6)、(7)、(8)项数据。

(5)计算每家企业的成长性指数T。将甲、乙、丙3家企业的所有分类细化指标得分值分别求和,得到各家企业的总分,分别见表1-5中(6)、(7)、(8)各项数据的合计值。3家企业的成长性指数T分别为30.438259、36.385211和33.176530。

甲、乙、丙企业申报中国建筑成长性200强企业的基本数据

表1-4

分类细化指标	甲企业 2015	甲企业 2014	甲企业 2013	乙企业 2015	乙企业 2014	乙企业 2013	丙企业 2015	丙企业 2014	丙企业 2013
全年营业收入合计（万元）	710019	625718	551970	1091492	1063360	921214	1008627	949057	788998
建筑业总产值（万元）	706312	621716	547699	1108226	1065204	963622	1231269	1121987	1017576
在外省完成的产值（万元）	172100	143618	90051	208535	165990	172522	1053162	929545	870823
新签工程承包合同额（万元）	1400000	1392700	1233400	1509900	2120000	1860000	1250246	1156187	1031062
资产总计（万元）	257145	225148	192715	620877	563531	516245	425611	401125	351126
所有者权益合计（万元）	26859	25502	24580	181897	149302	149824	141464	126330	111512
利润总额（万元）	4017	3017	2009	12845	11583	6603	20178	19758	17794
主营业务利润（万元）	12163	10542	7353	56775	54329	41494	46104	42393	38625
主营业务税金及附加（万元）	23518	20656	17563	29559	29280	24380	43387	35021	29098
国家级科技进步奖（项）		17			2			1	
国家级工法（项）		3			1			0	
发明类专利（项）		14			0			1	
中国建设工程鲁班奖（国家优质工程）（项）		2			1			0	
全国五一劳动奖状（项）		1			1			0	
全国文明单位（项）		0			2			0	
省部级工法（项）		45			51			3	
省部级优质工程奖（项）		36			7			1	

甲、乙、丙企业成长性指数T计算表

表1-5

分类细化指标	权重 (1)	预处理后数据			总计 (5)=(2)+(3)+(4)	得分		
		甲企业 (2)	乙企业 (3)	丙企业 (4)		甲企业 (6)=(2)/(5)×(1)	乙企业 (7)=(3)/(5)×(1)	丙企业 (8)=(4)/(5)×(1)
全年营业收入合计（万元）	30	629235.8	1025355.4	915560.7	2570151.9	7.344731	11.968422	10.686847
建筑业总产值（万元）	20	625242.5	1045684.0	1123610.7	2794537.2	4.474748	7.483772	8.041480
在外省完成的产值（万元）	5	135256.6	182349.0	951176.7	1268782.3	0.533017	0.718598	3.748384
新签工程承包合同额（万元）	10	1342033.3	1829966.7	1145831.7	4317831.7	3.108119	4.238161	2.653720
资产总计（万元）	3	225002.5	566884.1	392620.7	1184507.3	0.569863	1.435747	0.994390
所有者权益合计（万元）	3	25647.1	160341.0	126435.3	312423.5	0.246273	1.539651	1.214077
利润总额（万元）	5	3014.2	10344.0	19243.3	32601.5	0.462281	1.586426	2.951293
主营业务利润（平均增长率）	5	0.286165	0.169731	0.092534	0.548431	2.608946	1.547427	0.843627
主营业务税金及附加（万元）	4	20579.0	27739.8	35835.3	84154.2	0.978159	1.318523	1.703319
国家级科技进步奖（项）	2	17	2	1	20	1.700000	0.200000	0.100000
国家级工法（项）	2	3	1	0	4	1.5	0.5	0
发明类专利（项）	2	14	0	1	15	1.87	0	0.13
中国建设工程鲁班奖（国家优质工程）（项）	3	2	1	0	3	2	1	0
全国五一劳动奖状（项）	1	1	1	0	2	0.5	0.5	0
全国文明单位（项）	1	0	2	0	2	0	1	0
省部级工法（项）	2	45	51	3	99	0.909091	1.030303	0.060606
省部级优质工程奖（项）	2	36	7	1	44	1.636364	0.318182	0.045455
合计	100	—	—	—	—	30.438259	36.385211	33.176530

1.5 2015年度双200强企业评价的实施

1.5.1 2015年度双200强企业评价的实施过程

1. 发文通知

2016年5月18日，中国建筑业协会下发了《关于开展2015年度中国建筑业双200强企业评价工作的通知》（建协〔2016〕17号）（图1-1），正式组织开展2015年度中国建筑业双200强企业评价工作。2015年度的中国建筑业双200强企业评价工作，遵照《中国建筑业双200强企业评价办法》（建协〔2016〕15号）进行，并采用网上申报系统，其系统界面如图1-2所示。

2. 企业申报

根据中国建筑业协会《关于开展2015年度中国建筑业双200强企业评价工作的通知》（建协〔2016〕17号）和《中国建筑业双200强企业评价办法》（建协〔2016〕15号），符合参评资格的企业开始网上申报工作，并按要求提供相应的纸质材料。

3. 评价

按照《中国建筑业双200强企业评价办法》确定的评价原则和程序，中国建筑业协会对申报材料进行了认真细致的核实、统计和录入，并根据《中国建筑业双200强企业评价办法》进行了精确的计算。

2016年9月20日，中国建筑业协会在北京召开了2015年度中国建筑业双200强企业评价工作会议，组织专家审核、确定入围2015年度的中国建筑业双200强企业（图1-3）。中国建筑业协会副会长兼秘书长吴涛出席会议并讲话。他指出，中国建筑业企业双200强企业评价是中国建筑业协会在往年双百强企业评价工作的基础上，进一步优化调整评价办法开展的一项重要工作，得到了行业的认可和广大建筑业企业的积极参与。双200强企业评价要继续发挥在引导和促进企业转变发展方式、诚信守法经营、塑造企业品牌等方面的积极作用，引领建筑业企业在经济发展新常态下持续健康发展。

第1章　中国建筑业双200强企业评价概述

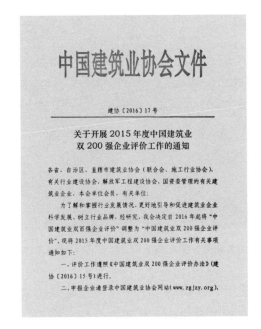

图 1-1　中国建筑业协会《关于开展 2015 年度中国建筑业双 200 强企业评价工作的通知》

图 1-2　中国建筑业双 200 强企业评价网上申报系统主界面

图 1-3　2015 年度中国建筑业双 200 强企业评价工作会议现场

来自中国铁道工程建设协会、中国冶金建设协会、浙江省建筑业行业协会、广东省建筑业协会、陕西省建筑业协会、北京市建筑业联合会、哈尔滨工业大学、中国建筑股份有限公司的专家根据《中国建筑业双 200 强企业评价办法》，对申报 2015 年度双 200 强企业的基础数据、指标计算过程和计算结果进行了认真的复核和审查，认为评价过程严谨，计算结果可靠，一致同意中国建筑第三工程局有限公司等 200 家企业为 2015 年度中国建筑业竞争力 200 强企业，五矿二十三冶建设集团有限公司等 200 家企业为 2015 年度中国建筑业成长性 200 强企业。

4. 公示

中国建筑业协会在双 200 强企业评价工作会议结束后，随即将评价结果在中国建筑业协会网站（http://www.zgjzy.org/）进行了公示。

5. 发布

对于公示期间的反馈信息，中国建筑业协会进行了核实处理，并于 2016 年 10 月 9 日下发了《关于公布 2015 年度中国建筑业双 200 强企业评价结果的通知》（建协〔2016〕44 号），确定中国建筑第三工程局有限公司等 200 家企业为 2015 年度中国建筑业竞争力 200 强企业，五矿二十三冶建设集团有限公司等200家企业为2015年度中国建筑业成长性200强企业。

1.5.2　2015年度双200强企业评价的申报情况分析

1. 竞争力200强企业申报情况

2015年度共有来自28个省、自治区、直辖市建筑业协会和16家行业建设协会以及中建总公司、中国建筑股份有限公司、中国新兴（集团）总公司推荐的313家企业通过网上申报竞争力200强企业评价。其中，特级企业164家，一级企业146家，二级企业3家。各地、各行业申报的企业及其入选的情况如表1-6所示。

申报和入选2015年竞争力200强企业的分布情况　　　表1-6

推荐单位	申报企业数量	入选企业数量	入选率（%）	推荐单位	申报企业数量	入选企业数量	入选率（%）
北京	12	6	50	重庆	3	3	100
天津	7	5	71	四川	5	3	60
河北	4	4	100	贵州	2	2	100
山西	4	3	75	云南	4	3	75
内蒙古	2	1	50	陕西	17	5	30
辽宁	3	1	33	甘肃	4	2	50
黑龙江	2	2	100	新疆	2	1	50
上海	10	7	70	海南	1	0	0
江苏	53	40	75	宁夏	1	0	0
浙江	30	24	80	安装	1	0	0
安徽	17	8	47	有色	1	1	100
福建	12	5	42	冶金	9	8	89
江西	6	4	67	化工	3	2	67
山东	14	8	57	水运	3	2	67

续表

推荐单位	申报企业数量	入选企业数量	入选率（%）	推荐单位	申报企业数量	入选企业数量	入选率（%）
河南	15	10	67	石油	1	1	100
湖北	10	7	70	核工业	3	1	33
湖南	9	2	22	铁道协会	3	2	67
广东	13	10	77	中铁建协会	1	1	100
广西	7	3	43	中建总公司	9	7	78
广东钢构	1	1	100	电建协会	1	1	100
中建股份	1	1	100	广东市政协会	1	0	0
水利	2	1	50	市政	1	1	100
石化	1	0	0	中国煤炭	1	0	0
新兴（集团）总公司	1	1	100	合计	313	200	—

2. 成长性200强企业申报情况

2015年度共有206家企业通过网上申报成长性200强企业评价。其中，特级企业18家，一级企业182家，二级企业6家。各地、各行业入选的企业情况如表1-7所示。

入选2015年成长性200强企业的分布情况　　　表1-7

推荐单位	入选企业数量	推荐单位	入选企业数量
北京	10	陕西	14
河北	1	甘肃	3
山西	5	新疆	1
内蒙古	2	宁夏	2
上海	5	天津	2
江苏	29	安装	1
浙江	8	有色	1

续表

推荐单位	入选企业数量	推荐单位	入选企业数量
辽宁	2	冶金	1
安徽	16	水运	1
福建	14	石化	1
江西	11	核工业	3
山东	13	化工	1
河南	11	广东市政协会	1
湖北	4	中建总公司	2
湖南	6	铁道协会	1
广东	12	中建工程总公司	1
广西	6	水利工程	1
海南	1	水利企业	1
四川	4	合计	200
云南	2	—	—

1.5.3　2015年度中国建筑业双200强企业评价结果

1. 2015年度中国建筑业竞争力200强企业评价结果

按照本章介绍的评价办法，中国建筑业协会组织进行了2015年度中国建筑业竞争力200强企业评价工作，经评价确定的2015年度中国建筑业竞争力200强企业评价结果如表1-8所示。

从表1-8可以看出，2015年度上榜的竞争性200强企业中，有90家企业继续上榜，其中，排名上升的有4家，持平的3家，下降的83家。由于评价方式的调整，共有110家企业新进入竞争力200强企业。

2015年度中国建筑业竞争力200强企业评价结果　　表1-8

排名		企业名称	资质等级	位次变化
2015年度	2014年度			
1	1	中国建筑第三工程局有限公司	特级	0
2	**	中国建筑第八工程局有限公司	特级	
3	2	中国葛洲坝集团股份有限公司	特级	-1
4	3	中国建筑第二工程局有限公司	特级	-1
5	**	北京城建集团有限责任公司	特级	
6	4	陕西建工集团有限公司	特级	-2
7	6	中国建筑第四工程局有限公司	特级	-1
8	8	云南建工集团有限公司	特级	0
9	5	广西建工集团有限责任公司	特级	-4
10	7	中天建设集团有限公司	特级	-3
11	10	江苏南通三建集团股份有限公司	特级	-1
12	**	中国建筑第七工程局有限公司	特级	
13	**	上海城建（集团）公司	特级	
14	**	北京建工集团有限责任公司	特级	
15	35	中国水利水电第十四工程局有限公司	特级	20
16	14	中铁建工集团有限公司	特级	-2
17	12	中交第一航务工程局有限公司	特级	-5
18	13	江苏南通二建集团有限公司	特级	-5
19	11	重庆建工投资控股有限责任公司	特级	-8
20	**	中铁五局集团有限公司	特级	
21	22	天元建设集团有限公司	特级	1
22	23	江苏省华建建设股份有限公司	特级	1
23	**	中国建筑第六工程局有限公司	特级	
24	21	江苏省苏中建设集团股份有限公司	特级	-3

续表

排名 2015年度	排名 2014年度	企业名称	资质等级	位次变化
25	20	安徽建工集团有限公司	特级	-5
26	26	甘肃省建设投资（控股）集团总公司	特级	0
27	**	中铁十六局集团有限公司	特级	
28	**	广厦建设集团有限责任公司	特级	
29	**	中国铁路通信信号股份有限公司	一级	
30	16	南通四建集团有限公司	特级	-14
31	28	新疆生产建设兵团建设工程（集团）有限责任公司	特级	-3
32	17	广州建筑股份有限公司	特级	-15
33	9	山西建筑工程（集团）总公司	特级	-24
34	**	江苏中南建筑产业集团有限责任公司	特级	
35	**	中交第三航务工程局有限公司	特级	
36	31	江苏省建筑工程集团有限公司	特级	-5
37	24	苏州金螳螂企业（集团）有限公司	一级	-13
38	**	中国水利水电第七工程局有限公司	特级	
39	25	江苏江都建设集团有限公司	特级	-14
40	**	中国二十冶集团有限公司	特级	
41	**	中建三局第一建设工程有限责任公司	特级	
42	**	四川公路桥梁建设集团有限公司	特级	
43	19	上海宝冶集团有限公司	特级	-24
44	29	河南国基建设集团有限公司	特级	-15
45	**	中国水利电力对外公司	一级	
46	33	中国一冶集团有限公司	特级	-13
47	15	广东省建筑工程集团有限公司	特级	-32

续表

排名		企业名称	资质等级	位次变化
2015年度	2014年度			
48	36	天津住宅集团建设工程总承包有限公司	一级	-12
49	27	中国五冶集团有限公司	特级	-22
50	**	成都建筑工程集团总公司	特级	
51	39	中交上海航道局有限公司	特级	-12
52	30	山河建设集团有限公司	特级	-22
53	**	龙元建设集团股份有限公司	特级	
54	**	中建二局第三建筑工程有限公司	特级	
55	**	中国十九冶集团有限公司	特级	
56	44	中国水利水电第十三工程局有限公司	一级	-12
57	**	浙江省一建建设集团有限公司	特级	
58	**	贵州建工集团有限公司	特级	
59	**	中建三局第二建设工程有限责任公司	特级	
60	**	中国十七冶集团有限公司	特级	
61	37	中国核工业华兴建设有限公司	特级	-24
62	**	中国水利水电第四工程局有限公司	特级	
63	52	江苏邗建集团有限公司	特级	-11
64	42	龙信建设集团有限公司	特级	-22
65	**	中建海峡建设发展有限公司	特级	
66	49	中建八局第一建设有限公司	特级	-17
67	38	河北建工集团有限责任公司	特级	-29
68	59	南通华新建工集团有限公司	特级	-9
69	41	中煤第三建设（集团）有限责任公司	特级	-28
70	67	中亿丰建设集团股份有限公司	特级	-3
71	45	中国江苏国际经济技术合作集团有限公司	特级	-26

续表

排名		企业名称	资质等级	位次变化
2015年度	2014年度			
72	56	中国新兴建设开发总公司	特级	−16
73	50	正太集团有限公司	特级	−23
74	**	中国建筑装饰集团有限公司	一级	
75	48	新八建设集团有限公司	特级	−27
76	51	浙江省建工集团有限责任公司	特级	−25
77	58	海天建设集团有限公司	特级	−19
78	53	福建六建集团有限公司	特级	−25
79	43	浙江宝业建设集团有限公司	特级	−36
80	71	新七建设集团有限公司	特级	−9
81	**	中兴建设有限公司	特级	
82	55	中建安装工程有限公司	特级	−27
83	54	江苏南通六建建设集团有限公司	特级	−29
84	34	江苏省建工集团有限公司	特级	−50
85	69	烟建集团有限公司	特级	−16
86	89	江苏沪宁钢机股份有限公司	一级	3
87	57	福建建工集团总公司	特级	−30
88	65	江苏省金陵建工集团有限公司	特级	−23
89	**	湖南省建筑工程集团总公司	特级	
90	40	通州建总集团有限公司	特级	−50
91	84	安徽省外经建设（集团）有限公司	一级	−7
92	**	南京建工集团有限公司	特级	
93	64	上海建工一建集团有限公司	特级	−29
94	64	中冶建工集团有限公司	特级	−30
95	70	南京宏亚建设集团有限公司	一级	−25

续表

排名		企业名称	资质等级	位次变化
2015年度	2014年度			
96	**	江苏扬建集团有限公司	特级	
97	46	上海建工四建集团有限公司	特级	−51
98	**	广西建工集团第五建筑工程有限责任公司	特级	
99	97	浙江省交通工程建设集团有限公司	特级	−2
100	76	南通建工集团股份有限公司	特级	−24
101	**	南通五建建设工程有限公司	特级	
102	**	中国十五冶金建设集团有限公司	特级	
103	79	大元建业集团股份有限公司	一级	−24
104	**	安徽水利开发股份有限公司	一级	
105	68	五洋建设集团股份有限公司	特级	−37
106	**	北京城乡建设集团有限责任公司	特级	
107	**	中建环球建设集团有限公司	一级	
108	88	浙江省东阳第三建筑工程有限公司	特级	−20
109	**	南京大地建设集团有限责任公司	特级	
110	74	山东万鑫建设有限公司	特级	−36
111	85	宏润建设集团股份有限公司	特级	−26
112	82	浙江勤业建工集团有限公司	特级	−30
113	73	湖南高岭建设集团股份有限公司	特级	−40
114	72	上海建工七建集团有限公司	特级	−42
115	**	大庆油田建设集团有限责任公司	特级	
116	96	宏峰集团（福建）有限公司	一级	−20
117	**	重庆巨能建设（集团）有限公司	一级	
118	**	中建钢构有限公司	一级	
119	**	上海隧道工程有限公司	特级	

第1章　中国建筑业双200强企业评价概述

续表

排名		企业名称	资质等级	位次变化
2015年度	2014年度			
120	90	南通新华建筑集团有限公司	特级	−30
121	**	华太建设集团有限公司	一级	
122	99	江苏省江建集团有限公司	特级	−23
123	77	江苏江中集团有限公司	特级	−46
124	**	河南省第一建筑工程集团有限责任公司	特级	
125	91	浙江中南建设集团有限公司	特级	−34
126	92	山东新城建工股份有限公司	特级	−34
127	81	中建八局第三建设有限公司	特级	−46
128	98	兴润建设集团有限公司	一级	−30
129	**	海通建设集团有限公司	一级	
130	**	广东电白建设集团有限公司	特级	
131	63	黑龙江省建工集团有限责任公司	特级	−68
132	**	中建二局第一建筑工程有限公司	一级	
133	**	中国华西企业有限公司	特级	
134	**	天津住总机电设备安装有限公司	二级	
135	**	十一冶建设集团有限责任公司	特级	
136	**	上海城建市政工程（集团）有限公司	特级	
137	**	安徽三建工程有限公司	特级	
138	78	中化二建集团有限公司	特级	−60
139	**	合肥建工集团有限公司	一级	
140	**	中城建第六工程局集团有限公司	一级	
141	**	广东水电二局股份有限公司	一级	
142	**	曙光建设有限公司	特级	
143	**	宁波建工工程集团有限公司	特级	

25

续表

排名		企业名称	资质等级	位次变化
2015年度	2014年度			
144	**	中建二局第二建筑工程有限公司	一级	
145	**	江西昌南建设集团有限公司	特级	
146	**	陕西建工第五建设集团有限公司	特级	
147	**	中建一局集团第五建筑有限公司	一级	
148	**	中国三冶集团有限公司	特级	
149	**	福建省闽南建筑工程有限公司	特级	
150	**	浙江昆仑建设集团股份有限公司	特级	
151	**	江西中联建设集团有限公司	特级	
152	75	泰宏建设发展有限公司	特级	−77
153	**	达濠市政建设有限公司	特级	
154	**	龙建路桥股份有限公司	特级	
155	**	浙江舜江建设集团有限公司	特级	
156	**	宁波市建设集团股份有限公司	一级	
157	**	浙江省三建建设集团有限公司	特级	
158	**	江苏通州四建集团有限公司	一级	
159	**	国基建设集团有限公司	特级	
160	**	安徽华力建设集团有限公司	特级	
161	**	广东电白二建集团有限公司	一级	
162	**	建元装饰股份有限公司	一级	
163	**	山东德建集团有限公司	特级	
164	**	陕西建工第一建设集团有限公司	特级	
165	**	河南五建建设集团有限公司	特级	
166	100	方远建设集团股份有限公司	一级	−66
167	**	中国云南路建集团股份有限公司	特级	

续表

排名		企业名称	资质等级	位次变化
2015年度	2014年度			
168	**	天津市建工工程总承包有限公司	特级	
169	**	陕西建工安装集团有限公司	一级	
170	**	南通市达欣工程股份有限公司	一级	
171	**	中国铁路通信信号上海工程局集团有限公司	一级	
172	**	江苏龙海建工集团有限公司	一级	
173	**	中恒建设集团有限公司	特级	
174	**	标力建设集团有限公司	一级	
175	**	广东耀南建筑工程有限公司	一级	
176	**	中国二冶集团有限公司	特级	
177	**	苏州第一建筑集团有限公司	特级	
178	**	深圳市宝鹰建设集团股份有限公司	一级	
179	93	郑州市第一建筑工程集团有限公司	特级	-86
180	**	中交一航局第五工程有限公司	一级	
181	**	山西四建集团有限公司	特级	
182	**	江西省宏顺建筑工程有限公司	一级	
183	**	宏大建设集团有限公司	一级	
184	**	中国化学工程第七建设有限公司	一级	
185	95	内蒙古兴泰建设集团有限公司	特级	-90
186	**	启东建筑集团有限公司	特级	
187	**	北京城建亚泰建设集团有限公司	一级	
188	**	江苏启安建设集团有限公司	一级	
189	**	河南省第二建设集团有限公司	特级	
190	**	沈阳市政集团有限公司	一级	
191	**	天保建设集团有公司	一级	

续表

排名		企业名称	资质等级	位次变化
2015年度	2014年度			
192	**	八冶建设集团有限公司	一级	
193	80	红旗渠建设集团有限公司	特级	−113
194	**	新蒲建设集团有限公司	特级	
195	**	九冶建设有限公司	特级	
196	**	巨匠建设集团股份有限公司	特级	
197	**	中启胶建集团有限公司	特级	
198	**	河南六建建筑集团有限公司	特级	
199	**	平煤神马建工集团有限公司	特级	
200	**	浙江舜杰建筑集团股份有限公司	特级	

注：** 表示该年度未上榜或未参加评价；位次变化栏内数字，大于0表示上升的位次，小于0表示下降的位次，等于0表示位次持平。

2. 2015年度中国建筑业成长性200强企业评价结果

按照本章介绍的评价办法，中国建筑业协会组织进行了2015年度中国建筑业成长性200强企业评价工作，经评价确定的2015年度中国建筑业成长性200强企业评价结果如表1-9所示。

2015年度中国建筑业成长性200强企业评价结果　　　表1-9

排名		企业名称	资质等级	位次变化
2015年度	2014年度			
1	**	五矿二十三冶建设集团有限公司	特级	
2	**	广西建工集团第一建筑工程有限责任公司	特级	
3	6	浙江天工建设集团有限公司	一级	3
4	32	广西建工集团第三建筑工程有限责任公司	一级	28
5	**	福建省泷澄建设集团有限公司	一级	

续表

排名		企业名称	资质等级	位次变化
2015年度	2014年度			
6	**	中铁四局集团第二工程有限公司	一级	
7	**	湖南省第五工程有限公司	一级	
8	23	广西壮族自治区冶金建设公司	一级	15
9	14	山东聊建集团有限公司	一级	5
10	**	云南工程建设总承包公司	特级	
11	15	江苏信拓建设(集团)股份有限公司	一级	4
12	**	中冶宝钢技术服务有限公司	一级	
13	**	湖北省工业建筑集团有限公司	一级	
14	60	中建鑫宏鼎环境集团有限公司	一级	46
15	**	江苏双楼建设集团有限公司	特级	
16	**	中国葛洲坝集团三峡建设工程有限公司	一级	
17	7	江苏金土木建设集团有限公司	一级	-10
18	45	南通英雄建设集团有限公司	一级	27
19	49	安徽水安建设集团股份有限公司	特级	30
20	37	天津天一建设集团有限公司	一级	17
21	**	腾达建设集团股份有限公司	特级	
22	33	济南一建集团总公司	一级	11
23	**	中建一局集团第二建筑有限公司	一级	
24	50	山东三箭建设工程股份有限公司	一级	26
25	21	安徽湖滨建设集团有限公司	一级	-4
26	**	甘肃路桥建设集团有限公司	一级	
27	36	江苏省交通工程集团有限公司	一级	9
28	3	江苏通州二建设工程有限公司	一级	-25
29	35	中标建设集团股份有限公司	一级	6

续表

排名		企业名称	资质等级	位次变化
2015年度	2014年度			
30	56	山东淄建集团有限公司	一级	26
31	**	陕西建工第十一建设集团有限公司	一级	
32	41	陕西建工第三建设集团有限公司	一级	9
33	24	济南四建(集团)有限责任公司	一级	-9
34	**	中国核工业第五建设有限公司	一级	
35	**	上海公路桥梁(集团)有限公司	一级	
36	**	深圳市洪涛装饰股份有限公司	一级	
37	**	陕西建工机械施工集团有限公司	一级	
38	47	江苏扬安集团有限公司	一级	9
39	**	福建省惠五建设工程有限公司	二级	
40	42	广东省第一建筑工程有限公司	一级	2
41	**	江西省中盛建筑集团有限公司	一级	
42	48	陕西建工第六建设集团有限公司	一级	6
43	**	福建省九龙建设集团有限公司	特级	
44	65	山西省工业设备安装有限公司	一级	21
45	26	中国核工业二四建设有限公司	一级	-19
46	29	中铁四局集团建筑工程有限公司	一级	-17
47	78	浙江博元建设股份有限公司	一级	31
48	**	广西裕华建设集团有限公司	一级	
49	54	江苏华能建设工程集团有限公司	一级	5
50	20	中交三航局第三工程有限公司	一级	-30
51	**	江西省城建建设集团有限公司	一级	
52	64	山东起凤建工股份有限公司	一级	12
53	**	深圳市中深装建设集团有限公司	一级	

续表

排名 2015年度	排名 2014年度	企业名称	资质等级	位次变化
54	**	中联世纪建设集团	一级	
55	94	中石化第四建设有限公司	一级	39
56	80	山东枣建建设集团有限公司	一级	24
57	**	宏盛建业投资集团有限公司	一级	
58	53	核工业西南建设集团有限公司	一级	-5
59	**	中建二局安装工程有限公司	一级	
60	**	江苏天目建设集团有限公司	一级	
61	82	安徽鲁班建设投资集团有限公司	特级	21
62	69	安徽金煌建设集团有限公司	一级	7
63	**	湖南省沙坪建设有限公司	特级	
64	74	陕西建工第八建设集团有限公司	一级	10
65	79	苏通建设集团有限公司	一级	14
66	**	航达建设集团有限公司	一级	
67	**	上海星宇建设集团有限公司	一级	
68	**	浙江省宝盛建设集团有限公司	一级	
69	**	中十冶集团有限公司	一级	
70	57	陕西建工第二建设集团有限公司	一级	-13
71	76	湖南省衡洲建设有限公司	一级	5
72	58	舜元建设（集团）有限公司	特级	-14
73	71	鲲鹏建设集团有限公司	一级	-2
74	51	中国能源建设集团安徽电力建设第一工程有限公司	一级	-23
75	72	南通华荣建设集团有限公司	一级	-3
76	**	湖南望新建设集团股份有限公司	特级	

续表

排名		企业名称	资质等级	位次变化
2015年度	2014年度			
77	**	中阳建设集团有限公司	特级	
78	**	中建凯源集团有限公司	一级	
79	**	江苏新龙兴建设集团有限公司	一级	
80	39	成都市第四建筑工程公司	一级	−41
81	**	海南建设工程股份有限公司	特级	
82	73	中国能源建设集团安徽电力建设第二工程有限公司	一级	−9
83	**	山东金城建设有限公司	一级	
84	**	中建筑港集团有限公司	一级	
85	**	山西二建集团有限公司	一级	
86	27	陕西建工第七建设集团有限公司	一级	−59
87	**	河南七建工程集团有限公司	一级	
88	95	伟基建设集团有限公司	一级	7
89	**	广东永和建设集团有限公司	一级	
90	90	北京金港建设股份有限公司	一级	0
91	**	河南国安建设集团有限公司	特级	
92	**	深圳市中装建设集团股份有限公司	一级	
93	19	河南省大成建设工程有限公司	一级	−74
94	**	河北省第二建筑工程有限公司	一级	
95	**	山东高阳建设有限公司	特级	
96	98	江苏扬州建工建设集团有限公司	一级	2
97	**	洪宇建设集团公司	一级	
98	**	南通苏中建设有限公司	一级	
99	**	广东省水利水电第三工程局有限公司	一级	

续表

排名		企业名称	资质等级	位次变化
2015年度	2014年度			
100	40	常州第一建筑集团有限公司	一级	-60
101	**	江苏润宇建设有限公司	一级	
102	**	河南四建股份有限公司	一级	
103	59	南通海洲建设集团有限公司	一级	-44
104	**	中誉远发国际建设集团有限公司	一级	
105	87	北京建工四建工程建设有限公司	一级	-18
106	**	西安市建筑工程总公司	特级	
107	**	安阳建工（集团）有限责任公司	一级	
108	100	安徽四建控股集团有限公司	特级	-8
109	**	安徽省交通建设有限责任公司	一级	
110	**	陕西建工第四建设集团有限公司	一级	
111	99	上海森信建设工程有限公司	一级	-12
112	**	福建路港（集团）有限公司	一级	
113	85	湖南东方红建设集团有限公司	一级	-28
114	**	苏州金螳螂幕墙有限公司	一级	
115	**	通号工程局集团有限公司	一级	
116	**	江西省朝晖城市建设工程有限公司	一级	
117	**	湖北广盛建设集团有限责任公司	一级	
118	96	苏州美瑞德建筑装饰有限公司	一级	-22
119	**	陕西航天建筑工程有限公司	一级	
120	**	中建协和建设有限公司	一级	
121	**	北京城建远东建设投资集团有限公司	一级	
122	88	永升建设集团有限公司	一级	-34
123	**	太原市第一建筑工程集团有限公司	一级	

续表

排名		企业名称	资质等级	位次变化
2015年度	2014年度			
124	**	北京城建北方建设有限责任公司	一级	
125	**	福建磊鑫（集团）有限公司	一级	
126	52	广东省第四建筑工程有限公司	一级	−74
127	89	中北华宇建筑工程公司	一级	−38
128	**	昆明一建设集团有限公司	一级	
129	**	河南天工建设集团有限公司	一级	
130	**	安徽国信建设集团有限公司	一级	
131	**	青岛一建集团有限公司	一级	
132	**	江苏沪武建设集团有限公司	一级	
133	**	厦门特房建设工程集团有限公司	一级	
134	**	城开建设集团有限公司	一级	
135	**	内蒙古巨华集团大华建筑安装有限公司	一级	
136	**	河南三建设集团有限公司	一级	
137	**	福建省华荣建设集团有限公司	一级	
138	**	福建省东霖建设工程有限公司	一级	
139	**	辽宁三盟建筑安装有限公司	一级	
140	**	司南工程有限公司	一级	
141	**	湖南捞刀河建设集团有限公司	一级	
142	**	中建二局土木工程有限公司	二级	
143	**	厦门中联建设工程有限公司	一级	
144	**	北京建磊国际装饰工程股份有限公司	一级	
145	**	山东黄河建工有限公司	一级	
146	**	江苏省水利建设工程有限公司	一级	
147	**	北京久安建设投资集团有限公司	一级	

续表

排名		企业名称	资质等级	位次变化
2015年度	2014年度			
148	**	南京润盛建设集团有限公司	一级	
149	**	山西机械化建设集团公司	一级	
150	**	温州城建集团有限公司	特级	
151	**	广东华隧建设股份有限公司	一级	
152	**	四川省鸿腾建设集团有限公司	一级	
153	**	汕头市建安（集团）公司	一级	
154	**	安徽阜阳建工集团有限公司	一级	
155	**	中铁九桥工程有限公司	一级	
156	**	福建路桥建设有限公司	一级	
157	**	兰州市政建设集团有限责任公司	一级	
158	**	江苏镇江安装集团有限公司	二级	
159	**	安徽天筑建设（集团）有限公司	一级	
160	**	湖北中民建筑工程有限公司	一级	
161	**	江苏正方园建设集团有限公司	一级	
162	**	安徽同济建设集团有限责任公司	一级	
163	**	天津安装工程有限公司	一级	
164	**	陕西华山路桥集团有限公司	一级	
165	**	上海明凯市政工程有限责任公司	一级	
166	**	广州市第二市政工程有限公司	一级	
167	**	桂林建筑安装工程有限公司	一级	
168	93	江西省丰和营造集团有限公司	一级	−75
169	**	甘肃省长城建设集团总公司	一级	
170	**	恒亿集团有限公司	一级	
171	**	常嘉建设集团有限公司	一级	

续表

排名		企业名称	资质等级	位次变化
2015年度	2014年度			
172	**	广东大城建设集团有限公司	一级	
173	**	中国南海工程有限公司	一级	
174	**	乾正建设科技集团有限公司	一级	
175	**	宁夏第二建筑有限公司	一级	
176	**	南京同力建设集团股份有限公司	一级	
177	**	曲阜市建筑工程公司	一级	
178	**	江西华川建设有限公司	一级	
179	**	陕西华山建设有限公司	一级	
180	**	大同泰瑞集团建设有限公司	一级	
181	**	四川鸥鹏建筑工程公司	一级	
182	**	江苏省装饰工程集团有限公司	一级	
183	**	河南五建第二建筑安装有限公司	一级	
184	**	赤峰鑫盛隆建筑工程有限责任公司	一级	
185	**	中冶沈勘工程技术有限公司	一级	
186	**	宁夏第五建筑公司	一级	
187	**	南宁市建筑安装工程集团有限公司	一级	
188	**	广东省广弘华侨建设投资集团有限公司	一级	
189	**	北京翔鲲水务建设有限公司	一级	
190	**	瑞洲建设集团有限公司	一级	
191	**	深圳市建筑工程股份有限公司	一级	
192	43	山东万腾建设有限公司	二级	-149
193	**	安徽华瓴建工集团有限公司	一级	
194	**	北京大龙顺发建筑工程有限公司	一级	
195	**	河南省祁湾建筑公司	一级	

续表

排名		企业名称	资质等级	位次变化
2015 年度	2014 年度			
196	**	河南宝鼎建设工程有限公司	一级	
197	**	山东金泰建设有限公司	一级	
198	**	河南新隆建设工程有限公司	一级	
199	**	陕西路桥集团路面工程有限公司	二级	
200	**	安徽方圆建设有限公司	二级	

注：** 表示该年度未上榜或未参加评价；位次变化栏内数字，大于 0 表示上升的位次，小于 0 表示下降的位次，等于 0 表示位次持平。

从表 1-9 可以看出，2015 年度上榜的成长性 200 强企业中，有 61 家企业继续上榜，其中，排名上升的有 31 家，持平的有 1 家，下降的 29 家。由于评价方式的调整，共有 139 家企业新进入成长性 200 强企业。

第 2 章　2015 年度中国建筑业竞争力 200 强企业分析

2.1　竞争力 200 强企业总体情况

2.1.1　竞争力 200 强企业排行基本情况

1. 竞争力 200 强企业竞争力指数分布情况

入选 2015 年度中国建筑业竞争力 200 强企业（以下简称"竞争力 200 强企业"）的 200 家企业中，中国建筑第三工程局有限公司以竞争力指数 4.037766284 位居榜首。竞争力指数位列第二名到第十名的企业为：中国建筑第八工程局有限公司、中国葛洲坝集团股份有限公司、中国建筑第二工程局有限公司、北京城建集团有限公司、陕西建工集团有限公司、中国建筑第四工程局有限公司、云南建工集团有限公司、广西建工集团有限责任公司和中天建设集团有限公司。竞争力 200 强企业得分曲线如图 2-1 所示。从图 2-1 可以看出，排名前 71 家企业得分差距较大，相比之下后 129 家企业得分差距较小。可见排名前 71 家企业的竞争力差距较大，其他 200 强企业的竞争力差距相对较小。

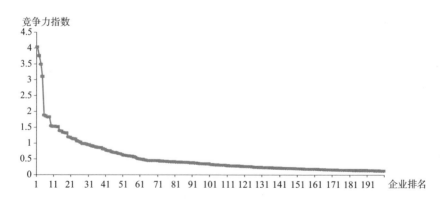

图 2-1　竞争力 200 强企业竞争力指数曲线

2. 竞争力 200 强企业竞争力指数分布情况

从企业资质来看，入选竞争力 200 强企业的 200 家企业中，有特级资质企业 154 家，占竞争力 200 强企业的 77%；一级资质企业 45 家，占竞争力 200 强企业的 22.5%；二级资质企业 1 家，占竞争力 200 强企业的 0.5%。特级资质的建筑企业占据竞争力 200 强企业的比例超过四分之三，说明总体上看特级资质的建筑业企业竞争力相对较强。

3. 竞争力 200 强企业地区分布状况

从地区分布来看，入选竞争力 200 强企业的 200 家企业，按企业总部所在地进行统计，分别来自 28 个省、直辖市和自治区，如图 2-2 所示。其中排名靠前的几个地区是：江苏省，共有入围企业 42 家，名列第一；其次是浙江省，均围 21 家企业；再次是北京市和上海市，均入围 15 家企业；然后是河南省，入围 11 家企业。

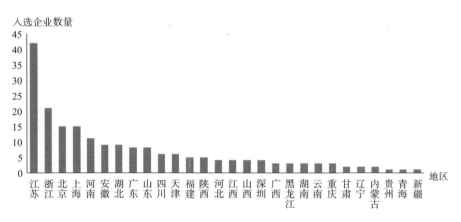

图 2-2 竞争力 200 强企业地区分布状况

2.1.2 竞争力 200 强企业在建筑业发展中的作用

建筑业是我国国民经济中一个重要的支柱产业，竞争力 200 强企业在其总体发展中占有举足轻重的地位，发挥着行业引领的作用。

2015 年，竞争力 200 强企业对全国建筑业在总产值、利润总额和新签合同额中的贡献为：竞争力 200 强企业全年实现的总产值为

419574277.7万元，在全国建筑业总产值中的占比为23.21%；竞争力200强企业全年实现的利润总额为11989568.24万元，在全国建筑业总产值中的占比为18.42%；竞争力200强企业全年实现的新签合同额为502461648.5万元，在全国建筑业总产值中的占比为14.87%。

2.2 竞争力200强企业规模分析

反映竞争力200强企业规模的指标包括了经营规模的5项分类细化指标和资产规模的2项分类细化指标。这里分别对这7项分类细化指标进行分析。

2.2.1 全年营业收入合计

1. 不同全年营业收入合计水平企业的分布状况

入选竞争力200强企业的200家企业中，不同全年营业收入合计水平企业的数量分布及其全年营业收入合计占竞争力200强企业全年营业收入合计之和的比重，如图2-3所示。

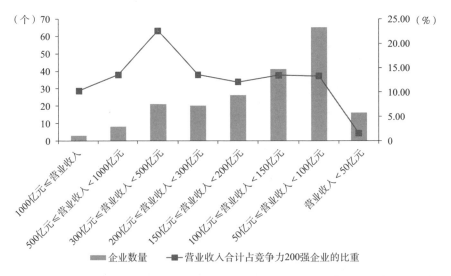

图2-3 不同全年营业收入合计水平企业的数量分布及其全年营业收入合计占竞争力200强企业的比重

由图2-3可以看出，全年营业收入合计超过1000亿元的企业数量占竞争力200强企业的1.5%，其全年营业收入合计却占到了竞争力200强企业的10.23%；全年营业收入合计在500亿元到1000亿元之间的企业数量占竞争力200强企业的4%，其全年营业收入合计已占到了竞争力200强企业的13.53%；全年营业收入合计在300亿元到500亿元之间的企业数量占竞争力200强企业的10.5%，其全年营业收入合计已占到了竞争力200强企业的22.53%；全年营业收入合计在200亿元到300亿元之间的企业数量占竞争力200强企业的10%，其全年营业收入合计占到了竞争力200强企业的13.50%；全年营业收入合计在150亿元到200亿元之间的企业数量占竞争力200强企业的13%，其全年营业收入合计占竞争力200强企业的12.04%；全年营业收入合计在100亿元到150亿元之间的企业数量占竞争力200强企业的20.5%，其全年营业收入合计仅占竞争力200强企业的13.39%；全年营业收入合计在50亿元到100亿元之间的企业数量占竞争力200强企业的32.5%，但其全年营业收入合计只占竞争力200强企业的13.28%；全年营业收入合计低于50亿元的企业数量占竞争力200强企业的8%，但其全年营业收入合计只占竞争力200强企业的1.49%。

2. 全年营业收入合计前10强

入选竞争力200强企业的200家企业中，全年营业收入合计位列前10名的企业如表2-1所示。

2015年全年营业收入合计前10强企业的全年营业收入合计总额为81787067.2万元，占竞争力200强企业全年营业收入合计之和的22.37%，比前10强企业数量占比高出了17.37个百分点。其中位居第一的中国建筑第三工程局有限公司实现全年营业收入合计14364692万元，占竞争力200强企业全年营业收入合计之和的3.93%。

2015年全年营业收入合计位列前10名的企业　　　　表2-1

序号	200强企业名次	企业名称	全年营业收入合计（万元）
1	1	中国建筑第三工程局有限公司	14364692.00
2	2	中国建筑第八工程局有限公司	12790497.77

续表

序号	200强企业名次	企业名称	全年营业收入合计（万元）
3	4	中国建筑第二工程局有限公司	10248145.69
4	3	中国葛洲坝集团股份有限公司	8227493.24
5	9	广西建工集团有限责任公司	7008182.00
6	6	陕西建工集团有限公司	6810634.05
7	7	中国建筑第四工程局有限公司	6199866.45
8	13	上海城建（集团）公司	5503821.00
9	12	中国建筑第七工程局有限公司	5453861.00
10	10	中天建设集团有限公司	5179874.00

2.2.2 建筑业总产值

1. 不同建筑业总产值水平企业的分布状况

入选竞争力200强企业的200家企业中，不同建筑业总产值水平企业的数量分布及其建筑业总产值占竞争力200强企业建筑业总产值之和的比重，如图2-4所示。

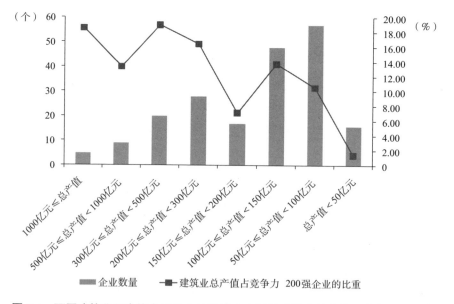

图 2-4　不同建筑业总产值水平企业的数量分布及其建筑业总产值占竞争力200强企业的比重

由图 2-4 可以看出，建筑业总产值超过 1000 亿元的企业数量占竞争力 200 强企业的 2.5%，其建筑业总产值只占竞争力 200 强企业的 18.59%；建筑业总产值在 500 亿元到 1000 亿元之间的企业数量占竞争力 200 强企业的 4.5%，但其建筑业总产值占到了竞争力 200 强企业的 13.32%；建筑业总产值在 300 亿元到 500 亿元之间的企业数量占竞争力 200 强企业的 10%，但其建筑业总产值占到了竞争力 200 强企业的 18.99%；建筑业总产值在 200 亿元到 300 亿元之间的企业数量占竞争力 200 强企业的 14%，其建筑业总产值占到了竞争力 200 强企业的 16.42%；建筑业总产值在 150 亿元到 200 亿元之间的企业数量占竞争力 200 强企业的 8.5%，其建筑业总产值仅占竞争力 200 强企业的 7.09%；建筑业总产值在 100 亿元到 150 亿元之间的企业数量占竞争力 200 强企业的 24%，但其建筑业总产值仅占竞争力 200 强企业的 13.73%；建筑业总产值在 50 亿元到 100 亿元的企业数量占竞争力 200 强企业的 28.5%，但其建筑业总产值只占竞争力 200 强企业的 10.52%；建筑业总产值低于 50 亿元的企业数量占竞争力 200 强企业的 8%，但其建筑业总产值只占竞争力 200 强企业的 1.34%。

2. 全年总产值前 10 强

2015 年建筑业总产值位列前 10 名的企业如表 2-2 所示。2015 年全年营业收入合计前 10 强企业的全年营业收入合计总额为 80492574.66 万元，占竞争力 200 强企业全年营业收入合计之和的 19.18%，比前 10 强企业数量占比高出了 14.18 个百分点。其中位居第一的中国建筑第三工程局有限公司实现全年营业收入合计 14364692.00 万元，占竞争力 200 强企业全年营业收入合计之和的 3.42%。

2015 年建筑业总产值位列前 10 名的企业　　　　表 2-2

序号	200 强企业名次	企业名称	建筑业总产值（万元）
1	1	中国建筑第三工程局有限公司	14364692.00
2	2	中国建筑第八工程局有限公司	12790497.77

续表

序号	200强企业名次	企业名称	建筑业总产值（万元）
3	4	中国建筑第二工程局有限公司	10248145.69
4	6	陕西建工集团有限公司	7402863.10
5	9	广西建工集团有限责任公司	7277438.00
6	10	中天建设集团有限公司	6298584.00
7	7	中国建筑第四工程局有限公司	6068128.21
8	3	中国葛洲坝集团股份有限公司	5647502.89
9	12	中国建筑第七工程局有限公司	5274723.00
10	5	北京城建集团有限责任公司	5120000.00

2.2.3 在境外完成的营业额

1. 不同在境外完成的营业额水平企业的分布状况

入选竞争力200强企业的200家企业中，不同在境外完成的营业额水平企业的数量分布及其境外完成的营业额占竞争力200强企业在境外完成的营业额之和的比重，如图2-5所示。

由图2-5可知，在境外完成的营业额超过50亿元的企业数量占竞争力200强企业的4%，但其在境外完成的营业额已占到了竞争力200强企业的33.86%；在境外完成的营业额在20亿元到50亿元之间的企业数量占竞争力200强企业的13%，但其在境外完成的营业额已占到了竞争力200强企业的42.18%；在境外完成的营业额在10亿元到20亿元之间的企业数量占竞争力200强企业的9%，其在境外完成的营业额占到了竞争力200强企业的14.16%；在境外完成的营业额在5亿元到10亿元之间的企业数量占竞争力200强企业的7.5%，但其在境外完成的营业额仅占竞争力200强企业的5.31%；在境外完成的营业额在1亿元到5亿元之间的企业数量占竞争力200强企业的14%，但其在境外完成的营业额仅占竞争力200强企业的3.90%；在境外完成的营业额在0到1亿元之间的企业数量占竞争力200强企业的11.5%，但其在境外完成的营业额只占竞争力200强企业的0.57%；还有82家企业没有在境外完成的营业额。

2. 在境外完成的营业额前10强

入选竞争力200强企业的200家企业在境外完成营业额前10名的企业如表2-3所示。2015年，在境外完成的营业额前10强企业的境外完成营业额总额为7042588.54万元，占竞争力200强企业在境外完成的营业额之和的38.66%，比前10强企业数量占比竟高出了33.73个百分点。其中位居第一的中国葛洲坝集团股份有限公司在境外完成的营业额为1758384.29万元，占竞争力200强企业在境外完成的营业额之和的9.65%。

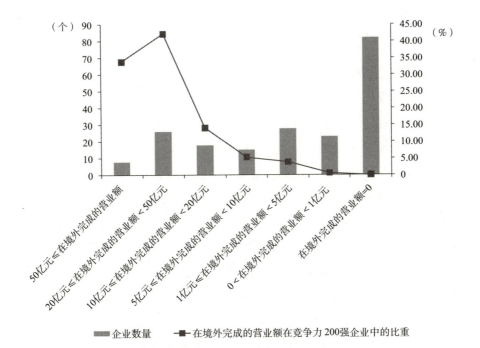

图2-5　不同在境外完成的营业额水平企业的数量分布及其在境外完成的营业额占竞争力200强企业的比重

2015 年在境外完成的营业额位列前 10 名的企业　　表 2-3

序号	200强企业名次	企业名称	在境外完成的营业额(万元)
1	3	中国葛洲坝集团股份有限公司	1758384.29
2	45	中国水利电力对外公司	851612.08
3	22	江苏省华建建设股份有限公司	793242.87
4	44	河南国基建设集团有限公司	632932.00
5	15	中国水利水电第十四工程局有限公司	562391.44
6	31	新疆生产建设兵团建设工程(集团)有限责任公司	530629.00
7	56	中国水利水电第十三工程局有限公司	522192.16
8	86	江苏沪宁钢机股份有限公司	517390.00
9	28	广厦建设集团有限责任公司	440789.00
10	14	北京建工集团有限责任公司	433025.70

2.2.4　在省外完成的营业额

1. 不同在省外完成的营业额水平企业的分布状况

入选竞争力 200 强企业的 200 家企业中，不同在省外完成的营业额水平企业的数量分布及其省外完成的营业额占竞争力 200 强企业在省外完成的营业额之和的比重，如图 2-6 所示。

由图 2-6 可以看出，在省外完成的营业额超过 400 亿元的企业数量占竞争力 200 强企业的 3%，但其在省外完成的营业额已占到了竞争力 200 强企业的 24.21%；在省外完成的营业额在 300 亿元到 400 亿元之间的企业数量占竞争力 200 强企业的 3.5%，其在省外完成的营业额已占到了竞争力 200 强企业的 11.74%；在省外完成的营业额在 200 亿元到 300 亿元之间的企业数量占竞争力 200 强企业的 5.5%，其在省外完成的营业额占竞争力 200 强企业的 13.52%；在省外完成的营业额在 100 亿元到 200 亿元之间的企业数量占竞争力 200 强企业的 15.5%，其在省外完成的营业额占竞争力 200 强企业的 22.58%；在省外完成的营业额在 50 到 100 亿元之间的企业数量占竞争力 200 强企业的 23%，其在省外完成的营业额只占竞争力200强企业的16.65%；在省外完成的营业额在30亿元到50亿元之间的企业数量占竞争力200强企业的18%，其在省外完成的营业额只占竞争力200强企业的7.12%；在省外完成的营业额在30亿元以内的企业数量占竞争力200强企业的31.5%，其在省外完成的营业额只占竞争力200强企业的4.17%。

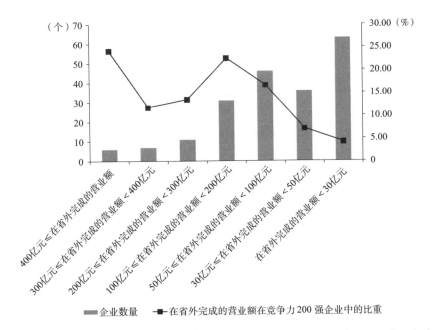

图2-6 不同在省外完成的营业额水平企业的数量分布及其在省外完成的营业额占竞争力200强企业的比重

2. 在省外完成的营业额前10强

入选竞争力200强企业的200家企业中，在省外完成的营业额位列前10名的企业如表2-4所示。2015年在省外完成的营业额前10强企业的省外完成营业额总额为62207169.14万元，占竞争力200强企业在省外完成的营业额之和的31.24%，比前10强企业数量占比竟高出了26.24个百分点。其中位居第一的中国建筑第三工程局有限公司在省外完成的营业额为14364472万元，占竞争力200强企业在省外完成的营业额之和的7.21%。

2015 年在省外完成的营业额位列前 10 名的企业　　表 2-4

序号	200 强企业名次	企业名称	在省外完成的营业额（万元）
1	1	中国建筑第三工程局有限公司	14364472.00
2	2	中国建筑第八工程局有限公司	10518504.39
3	4	中国建筑第二工程局有限公司	9484411.35
4	10	中天建设集团有限公司	5178133.00
5	7	中国建筑第四工程局有限公司	4455447.65
6	22	江苏省华建建设股份有限公司	4215094.65
7	11	江苏南通三建集团股份有限公司	3790244.00
8	24	江苏省苏中建设集团股份有限公司	3466893.10
9	27	中铁十六局集团有限公司	3455318.00
10	16	中铁建工集团有限公司	3278651.00

2.2.5　新签合同额

1. 不同新签合同额水平企业的分布状况

入选竞争力 200 强企业的 200 家企业中，不同新签合同额水平企业的数量分布及其新签合同额占竞争力 200 强企业新签合同额之和的比重，如图 2-7 所示。

由图 2-7 可以看出，新签合同额超过 1000 亿元的企业数量占竞争力 200 强企业的 4%，但其新签合同额已占到了竞争力 200 强企业的 27.71%；新签合同额在 500 亿元到 1000 亿元之间的企业数量占竞争力 200 强企业的 8%，但其新签合同额占到了竞争力 200 强企业的 20.00%；新签合同额在 300 亿元到 500 亿元之间的企业数量占竞争力 200 强企业的 9%，其新签合同额占到了竞争力 200 强企业的 14.33%；新签合同额在 200 亿元到 300 亿元之间的企业数量占竞争力 200 强企业的 15%，其新签合同额占竞争力 200 强企业的 14.00%；新签合同额在 100 亿元到 200 亿元之间的企业数量占竞争力 200 强企业的 28.5%，但其新签合同额仅占竞争力 200 强企业的 15.58%；新签合同额在 50 亿元到 100 亿元之间的企业数量占竞争力 200 强企业的 24.5%，但其新签合同额只占竞争力 200 强企业的 7.17%；新签合同额在 50 亿元以下的企业数量占竞争力 200 强企业的 11%，但其新签合同额只占竞争力 200 强企业的 1.21%。

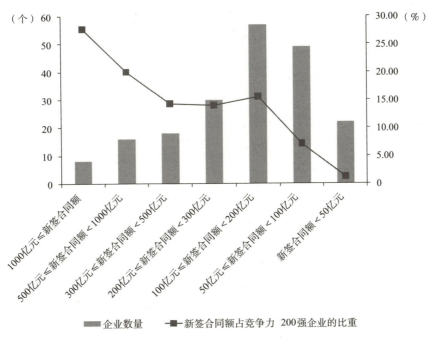

图 2-7 不同新签合同额水平企业的数量分布及其新签合同额占竞争力 200 强企业的比重

2. 新签合同额前 10 强

入选竞争力 200 强企业的 200 家企业中，新签合同额位列前 10 名的企业如表 2-5 所示。2015 年新签合同额前 10 强企业的新签合同额总额为 156952539.99 万元，占竞争力 200 强企业新签合同额之和的 31.24%，比前 10 强企业数量占比高出了 26.24 个百分点。其中位居第一的中国建筑第三工程局有限公司新签合同额 26130000 万元，占竞争力 200 强企业新签合同额之和的 5.20%。

2015年新签合同额位列前10名的企业　　　表2-5

序号	200强企业名次	企业名称	新签合同额（万元）
1	1	中国建筑第三工程局有限公司	26130000.00
2	2	中国建筑第八工程局有限公司	21911642.75
3	4	中国建筑第二工程局有限公司	20680000.00
4	3	中国葛洲坝集团股份有限公司	18159828.51
5	7	中国建筑第四工程局有限公司	14219141.00
6	12	中国建筑第七工程局有限公司	13537257.00
7	6	陕西建工集团有限公司	12608810.73
8	9	广西建工集团有限责任公司	12001817.00
9	21	天元建设集团有限公司	9204043.00
10	14	北京建工集团有限责任公司	8500000.00

2.2.6　资产总计

1. 不同资产总计水平企业的分布状况

入选竞争力200强企业的200家企业中，不同资产总计水平企业的数量分布及其资产总计占竞争力200强企业资产总计之和的比重，如图2-8所示。

由图2-8可以看出，资产总计超过1000亿元的企业数量占竞争力200强企业的2%，但其资产总计已经占到了竞争力200强企业的15.43%；资产总计在500亿元到1000亿元之间的企业数量占竞争力200强企业的4.5%，但其资产总计已占到了竞争力200强企业的19.22%；资产总计在300亿元到500亿元之间的企业数量占竞争力200强企业的7.5%，但其资产总计已占到了竞争力200强企业的18.86%；资产总计在200亿元到300亿元之间的企业数量占竞争力200强企业的6.5%，其资产总计占到了竞争力200强企业的10.20%；资产总计在150亿元到200亿元之间的企业数量占竞争力200强企业的9.5%，其资产总计占竞争力200强企业的10.71%；资产总计在100亿元到150亿元之间的企业数量占竞争力200强企业的11.5%，其资产总计占竞争力200强企业的9.03%；资产总计在50亿元到100亿元之间的企业数量占竞争力200强企业的20.5%，但其资产总计仅占竞争力200强企业的9.32%；资产总计在50亿元以下的企业数量占竞争力200强企业的38%，但其资产总计仅占竞争力200强企业的7.23%。

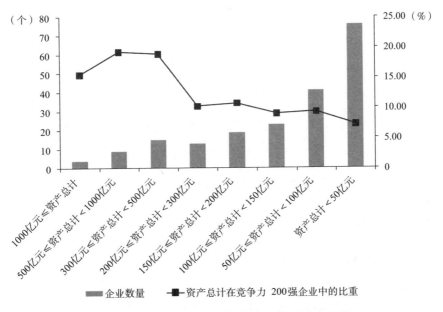

图2-8 不同资产总计水平企业的数量分布及其资产总计占竞争力200强企业的比重

2. 资产总计前10强

入选竞争力200强企业的200家企业中，资产总计位列前10名的企业如表2-6所示。2015年资产总计前10强企业的资产总计之和为93279076.07万元，占竞争力200强企业资产总计之和的29.58%，比前10强企业数量占比高出了24.58个百分点。其中位居第一的中国葛洲坝集团股份有限公司资产总计为12762977.10万元，占竞争力200强企业资产总计之和的4.05%。

2015年资产总计位列前10名的企业 表2-6

序号	200强企业名次	企业名称	资产总计（万元）
1	3	中国葛洲坝集团股份有限公司	12762977.10
2	8	云南建工集团有限公司	12282664.98
3	1	中国建筑第三工程局有限公司	12269874.00
4	5	北京城建集团有限责任公司	11327983.12
5	2	中国建筑第八工程局有限公司	9594829.09
6	13	上海城建（集团）公司	9263379.00
7	4	中国建筑第二工程局有限公司	7255287.95
8	19	重庆建工投资控股有限责任公司	6482932.06
9	12	中国建筑第七工程局有限公司	6246040.00
10	16	中铁建工集团有限公司	5793108.77

2.2.7 所有者权益合计

1. 不同所有者权益合计水平企业的分布状况

入选竞争力200强企业的200家企业中，不同所有者权益合计水平企业的数量分布及其所有者权益合计占竞争力200强企业所有者权益合计之和的比重，如图2-9所示。

由图2-9可以看出，所有者权益合计超过100亿元的企业数量占竞争力200强企业的7%，但其所有者权益合计占到了竞争力200强企业的36.63%；所有者权益合计在50亿元到100亿元之间的企业数量占竞争力200强企业的13%，但其所有者权益合计占到了竞争力200强企业的24.73%；所有者权益合计在30亿元到50亿元之间的企业数量占竞争力200强企业的14.5%，其所有者权益合计占到了竞争力200强企业的15.03%；所有者权益合计在20亿元到30亿元之间的企业数量占竞争力200强企业的12%，其所有者权益合计占竞争力

200强企业的7.79%；所有者权益合计在10亿元到20亿元之间的企业数量占竞争力200强企业的30%，但其所有者权益合计仅占竞争力200强企业的11.63%；所有者权益合计在10亿元以下的企业数量占竞争力200强企业的23.5%，但其所有者权益合计仅占竞争力200强企业的4.20%。

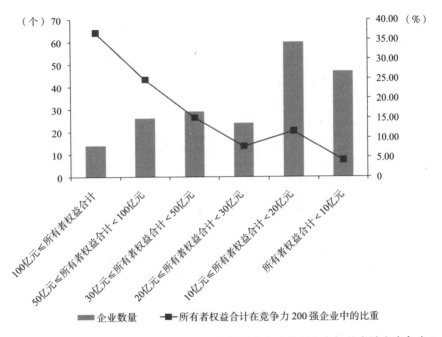

图2-9　不同所有者权益合计水平企业的数量分布及其所有者权益合计占竞争力200强企业的比重

2. 所有者权益合计前10强

入选竞争力200强企业的200家企业中，所有者权益合计位列前10名的企业如表2-7所示。2015年所有者权益合计前10强企业的所有者权益合计之和为23696823.25万元，占竞争力200强企业所有者权益合计之和的31.20%，比前10强企业数量占比高出了26.20个百分点。其中位居第一的云南建工集团有限公司所有者权益合计为3495195.61万元，占竞争力200强企业所有者权益合计之和的4.60%。

2015年所有者权益合计位列前10名的企业　　　表2-7

序号	200强企业名次	企业名称	所有者权益合计（万元）
1	8	云南建工集团有限公司	3495195.61
2	80	新七建设集团有限公司	2988364.00
3	3	中国葛洲坝集团股份有限公司	2810082.24
4	5	北京城建集团有限责任公司	2589754.07
5	53	龙元建设集团股份有限公司	2438282.04
6	1	中国建筑第三工程局有限公司	1988041.00
7	29	中国铁路通信信号股份有限公司	1973518.00
8	13	上海城建（集团）公司	1973304.00
9	2	中国建筑第八工程局有限公司	1777758.87
10	91	安徽省外经建设（集团）有限公司	1662523.42

2.3 竞争力200强企业效益分析

反映竞争力200强企业效益的指标包括了盈利能力的2项分类细化指标和上缴税金的1项分类细化指标。这里分别对这3项分类细化指标进行分析。

2.3.1 利润总额

1. 不同利润总额水平企业的分布状况

入选竞争力200强企业的200家企业中，不同利润总额水平企业的数量分布及其利润总额占竞争力200强企业利润总额之和的比重，如图2-10所示。

由图2-10可以看出，利润总额超过20亿元的企业数量占竞争力200强企业的6.5%，但其利润总额占到了竞争力200强企业的33.22%；利润总额在10亿元到20亿元之间的企业数量占竞争力200强企业的6%，但其利润总额占到了竞争力200强企业的15.06%；利润总额在5

亿元到10亿元之间的企业数量占竞争力200强企业的25%，其利润总额占到了竞争力200强企业的28.58%；利润总额在3亿元到5亿元之间的企业数量占竞争力200强企业的16.5%，但其利润总额仅占竞争力200强企业的11.15%；利润总额在2亿元到3亿元之间的企业数量占竞争力200强企业的16.5%，但其利润总额仅占竞争力200强企业的6.95%；利润总额在1亿元到2亿元之间的企业数量占竞争力200强企业的14.5%，但其利润总额仅占竞争力200强企业的3.60%；利润总额在1亿元以下的企业数量占竞争力200强企业的15%，但其利润总额仅占竞争力200强企业的1.45%。

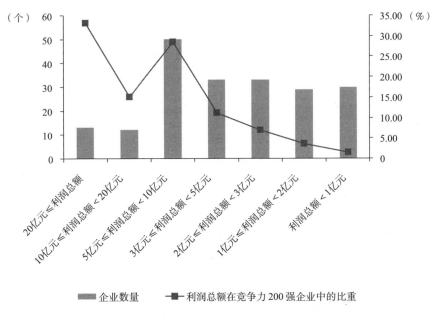

图2-10 不同利润总额水平企业的数量分布及其利润总额占竞争力200强企业的比重

2. 利润总额前10强

入选竞争力200强企业的200家企业中，利润总额位列前10名的企业如表2-8所示。2015年利润总额前10强企业的利润总额之和为3349637.95万元，占竞争力200强企业利润总额之和的27.94%，比前

10强企业数量占比高出了22.94个百分点。其中位居第一的中国建筑第三工程局有限公司利润总额为465088.36万元，占竞争力200强企业利润总额之和的3.88%。

2015年利润总额位列前10名的企业　　　　　　　　　表2-8

序号	200强企业名次	企业名称	利润总额（万元）
1	1	中国建筑第三工程局有限公司	465088.36
2	3	中国葛洲坝集团股份有限公司	439849.36
3	2	中国建筑第八工程局有限公司	425158.43
4	30	南通四建集团有限公司	337709.80
5	29	中国铁路通信信号股份有限公司	317951.00
6	11	江苏南通三建集团股份有限公司	305753.00
7	5	北京城建集团有限责任公司	293503.17
8	18	江苏南通二建集团有限公司	275300.41
9	4	中国建筑第二工程局有限公司	267897.05
10	13	上海城建（集团）公司	221427.37

2.3.2 主营业务利润

1. 不同主营业务利润水平企业的分布状况

入选竞争力200强企业的200家企业中，不同主营业务利润水平企业的数量分布及其主营业务利润占竞争力200强企业主营业务利润之和的比重，如图2-11所示。

由图2-11可以看出，主营业务利润超过30亿元的企业数量占竞争力200强企业的6.5%，但其主营业务利润已占到了竞争力200强企业的31.31%；主营业务利润在20亿元到30亿元之间的企业数量占竞争力200强企业的7%，但其主营业务利润已占到了竞争力200强企业的17.91%；主营业务利润在10亿元到20亿元之间的企业数量占竞争力200强企业的14.5%，其主营业务利润占到了竞争力200强企业的20.76%；主营业务利润在5亿元到10亿元之间的企业数量占竞争力200强企业的23.5%，其主营业务利润占竞争力200强企业的16.67%；主营业务利润在3亿元到5亿元之间的企业数量占竞争力200强企业的21.5%，但其主营业务利润仅占竞争力200强企业的8.66%；主营业务利润在1亿元到3亿元之间的企业数量占竞争力200强企业的21.5%，但其主营业务利润仅占竞争力200强企业的4.38%；主营业务利润在1亿元以下的企业数量占竞争力200强企业的5.5%，但其主营业务利润仅占竞争力200强企业的0.31%。

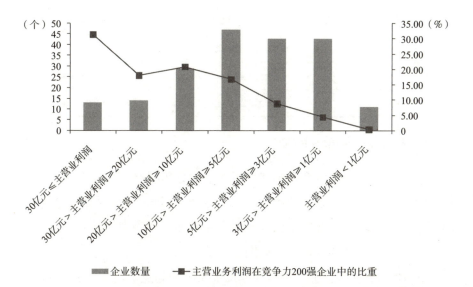

图2-11 不同主营业务利润水平企业的数量分布及其主营业务利润占竞争力200强企业的比重

2. 主营业务利润前10强

入选竞争力200强企业的200家企业中，主营业务利润位列前10名的企业如表2-9所示。2015年主营业务利润前10强企业的主营业务利润之和为5073166.26万元，占竞争力200强企业主营业务利润之和的26.15%，比前10强企业数量占比高出了21.15个百分点。其中位居第一的中国建筑第三工程局有限公司主营业务利润为748426.49万元，占竞争力200强企业主营业务利润之和的3.86%。

2015年主营业务利润位列前10名的企业   表2-9

序号	200强企业名次	企业名称	主营业务利润（万元）
1	1	中国建筑第三工程局有限公司	748426.49
2	2	中国建筑第八工程局有限公司	732911.72
3	29	中国铁路通信信号股份有限公司	537783.00
4	4	中国建筑第二工程局有限公司	509176.83
5	5	北京城建集团有限责任公司	493226.45
6	8	云南建工集团有限公司	487068.15
7	11	江苏南通三建集团股份有限公司	424913.00
8	3	中国葛洲坝集团股份有限公司	399598.62
9	13	上海城建（集团）公司	372616.00
10	30	南通四建集团有限公司	367446.00

2.3.3 主营业务税金及附加

1. 不同主营业务税金及附加水平企业的分布状况

入选竞争力200强企业的200家企业中，不同主营业务税金及附加水平企业的数量分布及其主营业务税金及附加占竞争力200强企业主营业务税金及附加之和的比重，如图2-12所示。

由图2-12可以看出，主营业务税金及附加超过20亿元的企业数量占竞争力200强企业的3%，但其主营业务税金及附加已占到了竞争力200强企业的15.58%；主营业务税金及附加在10亿元到20亿元之间的企业数量占竞争力200强企业的12%，但其主营业务税金及附加已占到了竞争力200强企业的29.91%；主营业务税金及附加在5亿元到10亿元之间的企业数量占竞争力200强企业的19.5%，其主营业务税金及附加占到了竞争力200强企业的23.47%；主营业务税金及附加在3亿元到5亿元之间的企业数量占竞争力200强企业的27%，但其主营业务税金及附加仅占到竞争力200强企业的18.55%；主营业务税金及附加在2亿元到3亿元之间的企业数量占竞争力200强企业的16.5%，但其主营业务税金及附加仅占竞争力200强企业的7.18%；主营业务税金及附加在1亿元到2亿元之间的企业数量占竞争力200强企业的16.5%，但其主营业务税金及附加仅占竞争力200强企业的4.62%；主营业务税金及附加在1亿元以下的企业数量占竞争力200强企业的5.5%，其主营业务税金及附加占竞争力200强企业的0.69%。

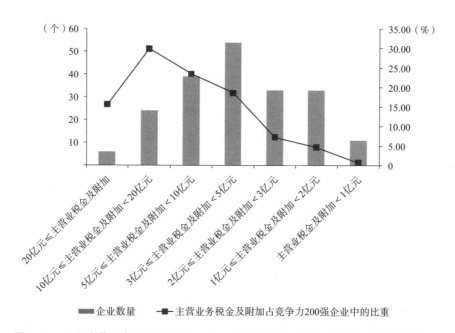

图2-12 不同主营业务税金及附加水平企业的数量分布及其主营业务税金及附加占竞争力200强企业的比重

2. 主营业务税金及附加前10强

入选竞争力200强企业的200家企业中，主营业务税金及附加位列前10名的企业如表2-10所示。2015年主营业务税金及附加前10强企业的主营业务税金及附加之和为2470130.53万元，占竞争力200强企业主营业务税金及附加之和的22.14%，比前10强企业数量占比高出了17.14个百分点。其中位居第一的中国建筑第八工程局有限公司主营业务税金及附加为416930.96万元，占竞争力200强企业主营业务税金及附加之和的3.74%。

2015年主营业务税金及附加位列前10名的企业　　　表2-10

序号	200强企业名次	企业名称	主营业务税金及附加（万元）
1	2	中国建筑第八工程局有限公司	416930.96
2	1	中国建筑第三工程局有限公司	375360.96
3	5	北京城建集团有限责任公司	246736.60
4	9	广西建工集团有限责任公司	246338.00
5	4	中国建筑第二工程局有限公司	235955.91
6	6	陕西建工集团有限公司	217713.23
7	3	中国葛洲坝集团股份有限公司	191082.09
8	11	江苏南通二建集团有限公司	182279.61
9	8	云南建工集团有限公司	179377.17
10	12	中国建筑第七工程局有限公司	178356.00

2.4 竞争力200强企业科技、质量和精神文明状况分析

反映竞争力200强企业科技、质量和精神文明状况的有国家级科技进步奖项、国家级工法、发明类专利、中国建设工程鲁班奖（国家优质工程）、全国五一劳动奖状和全国文明单位（或企业文化先进单位）6项分类细化指标。这里分别对这6项分类细化指标进行分析。

2.4.1 国家级科技进步奖项

1. 不同国家级科技进步奖项水平企业的分布状况

入选竞争力200强企业的200家企业中，不同国家级科技进步奖项水平企业的数量分布及其国家级科技进步奖项占竞争力200强企业国家级科技进步奖项之和的比重，如图2-13所示。

由图2-13可以看出，国家级科技进步奖项超过3项的企业数量占竞争力200强企业的1%，但其国家级科技进步奖项已占到了竞争力

200强企业的25.97%；国家级科技进步奖项为3项的企业数量占竞争力200强企业的1.5%，但其国家级科技进步奖项占到了竞争力200强企业的11.69%；国家级科技进步奖项为2项的企业数量占竞争力200强企业的4%，其国家级科技进步奖项占到了竞争力200强企业的20.78%；国家级科技进步奖项为1项的企业数量占竞争力200强企业的16%，其国家级科技进步奖项占竞争力200强企业的41.56%；还有155家企业没有国家级科技进步奖项。

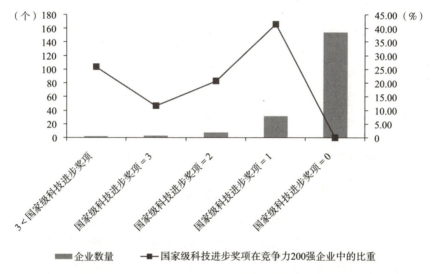

图 2-13　不同国家级科技进步奖项水平企业的数量分布及其国家级科技进步奖项占竞争力 200 强企业的比重

2. 国家级科技进步奖项前 10 强

入选竞争力 200 强企业的 200 家企业中，国家级科技进步奖项位列前 10 名（含并列）的企业如表 2-11 所示。2013～2015 年国家级科技进步奖项前 10 强企业的国家级科技进步奖项之和为 33 项，占竞争力 200 强企业国家级科技进步奖项之和的 42.86%，比前 10 强企业数量占比高出了 36.86 个百分点。其中排名第一的中国建筑第四工程局有限公司国家级科技进步奖项为 8 项，占竞争力 200 强企业国家级科技进步奖项之和的 10.39%。

2013~2015 年国家级科技进步奖项位列前 10 名的企业（含并列）　表 2-11

序号	200强企业名次	企业名称	国家级科技进步奖项（项）
1	7	中国建筑第四工程局有限公司	8
2	36	江苏省建筑工程集团有限公司	3
2	2	中国建筑第八工程局有限公司	3
2	1	中国建筑第三工程局有限公司	3
5	18	江苏南通二建集团有限公司	2
5	107	中建环球建设集团有限公司	2
5	17	中交第一航务工程局有限公司	2
5	32	广州建筑股份有限公司	2
5	124	河南省第一建筑工程集团有限责任公司	2
5	38	中国水利水电第七工程局有限公司	2
5	72	中国新兴建设开发总公司	2
5	89	湖南省建筑工程集团总公司	2

2.4.2　国家级工法

1. 不同国家级工法水平企业的分布状况

入选竞争力 200 强企业的 200 家企业中，不同国家级工法水平企业的数量分布及其国家级工法占竞争力 200 强企业国家级工法之和的比重，如图 2-14 所示。

由图 2-14 可以看出，国家级工法超过 10 项的企业数量占竞争力 200 强企业的 4%，但其国家级工法已占到了竞争力 200 强企业的 34.93%；国家级工法在 5 项到 10 项之间的企业数量占竞争力 200 强企业的 11%，但其国家级工法占到了竞争力 200 强企业的 22.43%；国家级工法在 3 项到 5 项之间的企业数量占竞争力 200 强企业的 20%，其国家级工法占竞争力 200 强企业的 23.12%；国家级工法为 2 项的企业数量占竞争力 200 强企业的 19.5%，但其国家级工法仅占竞争力 200 强企业的 13.36%；国家级工法为 1 项的企业数量占竞争力 200 强企业的 18%，但其国家级工法仅占竞争力 200 强企业的 6.16%；还有 55 家企业没有国家级工法。

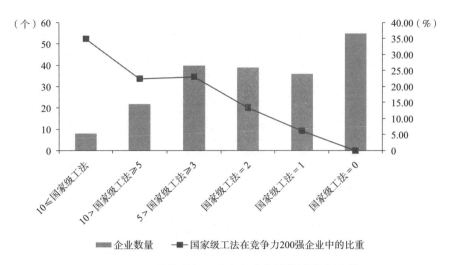

**图 2-14　不同国家级工法水平企业的数量分布及其
国家级工法占竞争力 200 强企业的比重**

2. 国家级工法前 10 强

入选竞争力 200 强企业的 200 家企业中，国家级工法位列前 10 名（含并列）的企业如表 2-12 所示。2013～2015 年国家级工法前 10 强企业的国家级工法之和为 121 项，占竞争力 200 强企业国家级工法之和的 20.72%，比前 10 强企业数量占比高出了 15.72 个百分点。其中位居第一的中国建筑第八工程局有限公司国家级工法为 23 项，占竞争力 200 强企业国家级工法之和的 3.94%。

2013～2015 年国家级工法位列前 10 名的企业（含并列）　　表 2-12

序号	200 强企业名次	企业名称	国家级工法（项）
1	2	中国建筑第八工程局有限公司	23
2	3	中国葛洲坝集团股份有限公司	16
3	1	中国建筑第三工程局有限公司	13
4	41	中建三局第一建设工程有限责任公司	12
5	25	安徽建工集团有限公司	11
5	9	广西建工集团有限责任公司	11

续表

序号	200强企业名次	企业名称	国家级工法（项）
7	33	山西建筑工程（集团）总公司	10
8	32	广州建筑股份有限公司	9
9	6	陕西建工集团有限公司	8
10	104	安徽水利开发股份有限公司	8

2.4.3 发明类专利

1. 不同发明类专利水平企业的分布状况

入选竞争力200强企业的200家企业中，不同发明类专利水平企业的数量分布及其发明类专利占竞争力200强企业发明类专利之和的比重，如图2-15所示。

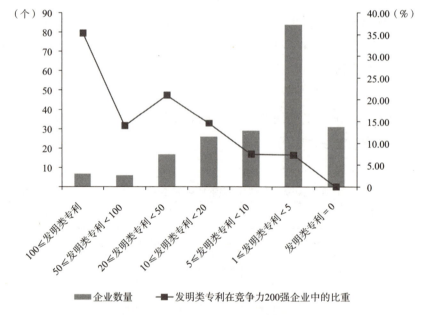

图2-15 不同发明类专利水平企业的数量分布及其
发明类专利占竞争力200强企业的比重

由图2-15可以看出，发明类专利超过100项的企业数量占竞争力200强企业的3.5%，但其发明类专利已占到了竞争力200强企业的35.41%；发明类专利在50项到100项之间的企业数量占竞争力200强企业的3%，但其发明类专利占到了竞争力200强企业的14.04%；发明类专利在20项到50项之间的企业数量占竞争力200强企业的8.5%，其发明类专利占竞争力200强企业的21.08%；发明类专利在10项到20项之间的企业数量占竞争力200强企业的13%，其发明类专利占竞争力200强企业的14.61%；发明类专利在5项到10项之间的企业数量占竞争力200强企业的14.5%，其发明类专利占竞争力200强企业的7.53%；发明类专利在1项到5项之间的企业数量占竞争力200强企业的42%，但其发明类专利仅占竞争力200强企业的7.33%；还有31家企业发明类专利为0。

2. 发明类专利前10强

入选竞争力200强企业的200家企业中，发明类专利位列前10名（含并列）的企业如表2-13所示。2013～2015年发明类专利前10强企业的国家级工法之和为1102项，占竞争力200强企业发明类专利之和的45.11%，比前10强企业数量占比高出了39.61个百分点。其中位居第一的中国葛洲坝集团股份有限公司发明类专利为155项，占竞争力200强企业发明类专利之和的6.34%。

2013～2015年发明类专利位列前10名的企业（含并列）　　表2-13

序号	200强企业名次	企业名称	发明类专利（项）
1	3	中国葛洲坝集团股份有限公司	155
2	2	中国建筑第八工程局有限公司	151
3	46	中国一冶集团有限公司	127
4	49	中国五冶集团有限公司	119
5	60	中国十七冶集团有限公司	107
6	37	苏州金螳螂企业（集团）有限公司	106
7	1	中国建筑第三工程局有限公司	100

续表

序号	200强企业名次	企业名称	发明类专利（项）
8	55	中国十九冶集团有限公司	65
9	119	上海隧道工程有限公司	60
10	40	中国二十冶集团有限公司	56
10	32	广州建筑股份有限公司	56

2.4.4 中国建设工程鲁班奖（国家优质工程）

1. 不同中国建设工程鲁班奖（国家优质工程）水平企业的分布状况

入选竞争力200强企业的200家企业中，不同中国建设工程鲁班奖（国家优质工程）水平企业的数量分布及其占竞争力200强企业中国建设工程鲁班奖（国家优质工程）之和的比重，如图2-16所示。

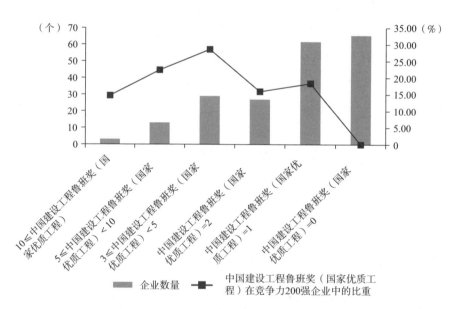

图2-16 不同中国建设工程鲁班奖（国家优质工程）水平企业的数量分布及其中国建设工程鲁班奖（国家优质工程）占竞争力200强企业的比重

由图2-16可以看出，中国建设鲁班奖超过10项的企业数量占竞争力 200 强企业的 1.5%，但其中国建设工程鲁班奖（国家优质工程）占到了竞争力 200 强企业的 14.75%；中国建设工程鲁班奖（国家优质工程）在 5 项到 10 项之间的企业数量占竞争力 200 强企业的 6.5%，但其中国建设工程鲁班奖（国家优质工程）占到了竞争力 200 强企业的 22.42%；中国建设工程鲁班奖（国家优质工程）在 3 项到 5 项之间的企业数量占竞争力 200 强企业的 14.5%，但其中国建设工程鲁班奖（国家优质工程）占到了竞争力 200 强企业的 28.61%；中国建设工程鲁班奖（国家优质工程）为 2 项的企业数量占竞争力 200 强企业的 13.5%，其中国建设工程鲁班奖（国家优质工程）占竞争力 200 强企业的 15.93%；中国建设工程鲁班奖（国家优质工程）为 1 项的企业数量占竞争力 200 强企业的 31%，其中国建设工程鲁班奖（国家优质工程）只占竞争力 200 强企业的 18.29%；还有 66 家企业中国建设工程鲁班奖（国家优质工程）为 0。

2. 中国建设工程鲁班奖（国家优质工程）前 10 强

入选竞争力 200 强企业的 200 家企业中，中国建设工程鲁班奖（国家优质工程）位列前 10 名（含并列）的企业如表 2-14 所示。2013～2015 年中国建设工程鲁班奖（国家优质工程）前 10 强企业的中国建设工程鲁班奖（国家优质工程）之和为 120 项，占竞争力 200 强企业中国建设工程鲁班奖（国家优质工程）之和的 37.17%，比前 10 强企业数量占比高出了 27.90 个百分点。其中位居第一的中国建筑第八工程局有限公司中国建设工程鲁班奖（国家优质工程）为 23 项，占竞争力 200 强企业中国建设工程鲁班奖（国家优质工程）之和的 6.78%。

2013～2015 年中国建设工程鲁班奖（国家优质工程）位列前 10 名的企业（含并列）　　　　表 2-14

序号	200 强企业名次	企业名称	中国建设鲁班奖（项）
1	2	中国建筑第八工程局有限公司	23
2	6	陕西建工集团有限公司	15
3	1	中国建筑第三工程局有限公司	12

续表

序号	200强企业名次	企业名称	中国建设鲁班奖（项）
4	4	中国建筑第二工程局有限公司	9
5	12	中国建筑第七工程局有限公司	8
5	7	中国建筑第四工程局有限公司	6
5	16	中铁建工集团有限公司	6
5	23	中国建筑第六工程局有限公司	6
9	5	北京城建集团有限责任公司	5
9	33	山西建筑工程（集团）总公司	5
9	43	上海宝冶集团有限公司	5
9	10	中天建设集团有限公司	5
9	14	北京建工集团有限责任公司	5
9	9	广西建工集团有限责任公司	5
9	74	中国建筑装饰集团有限公司	5

2.4.5 全国五一劳动奖状

1. 不同全国五一劳动奖状水平企业的分布状况

入选竞争力200强企业的200家企业中，不同全国五一劳动奖状水平企业的数量分布及其占竞争力200强企业全国五一劳动奖状之和的比重，如图2-17所示。

由图2-17可以看出，全国五一劳动奖状超过3项的企业数量占竞争力200强企业的2.5%，但其全国五一劳动奖状已占到了竞争力200强企业的30.00%；全国五一劳动奖状为2项的企业数量占竞争力200强企业的2.5%，但其全国五一劳动奖状已占到了竞争力200强企业的14.29%；全国五一劳动奖状为1项的企业数量占竞争力200强企业的19.5%，但其全国五一劳动奖状已占到了竞争力200强企业的55.71%；还有151家企业全国五一劳动奖状为0。

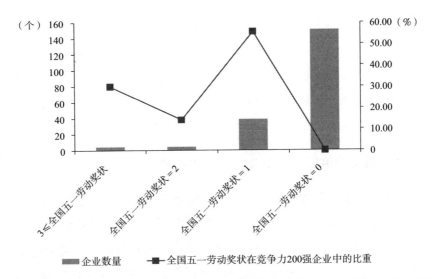

图 2-17 不同全国五一劳动奖状水平企业的数量分布及其全国五一劳动奖状占竞争力 200 强企业的比重

2. 全国五一劳动奖状前 10 强

入选竞争力 200 强企业的 200 家企业中,全国五一劳动奖状位列前 10 名(含并列)的企业如表 2-15 所示。

2013~2015 年全国五一劳动奖状位列前 10 名的企业(含并列)　　表 2-15

序号	200 强企业名次	企业名称	全国五一劳动奖状(项)
1	4	中国建筑第二工程局有限公司	6
2	1	中国建筑第三工程局有限公司	5
3	85	烟建集团有限公司	4
4	2	中国建筑第八工程局有限公司	3
4	23	中国建筑第六工程局有限公司	3
6	70	中亿丰建设集团股份有限公司	2
6	41	中建三局第一建设工程有限责任公司	2
6	19	重庆建工投资控股有限责任公司	2
6	12	中国建筑第七工程局有限公司	2
6	6	陕西建工集团有限公司	2

其中，2013～2015 年全国五一劳动奖状前 10 强企业的全国五一劳动奖状之和为 31 项，占竞争力 200 强企业全国五一劳动奖状之和的 44.29%，比前 10 强企业数量占比高出了 39.29 个百分点。其中位居第一的中国建筑第二工程局有限公司全国五一劳动奖状为 6 项，占竞争力 200 强企业全国五一劳动奖状之和的 8.57%。

2.4.6 全国文明单位（或企业文化先进单位）

1. 不同全国文明单位（或企业文化先进单位）水平企业的分布状况

入选竞争力 200 强企业的 200 家企业中，不同全国文明单位（或企业文化先进单位）水平企业的数量分布及其全国文明单位（或企业文化先进单位）占竞争力 200 强企业全国文明单位（或企业文化先进单位）之和的比重，如图 2-18 所示。

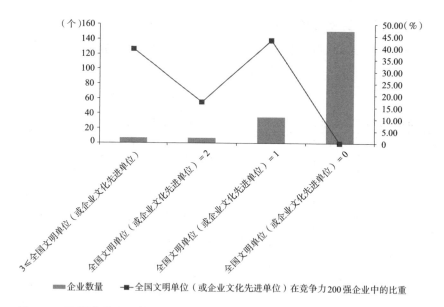

图 2-18 不同全国文明单位（或企业文化先进单位）水平企业的数量分布及其全国文明单位（或企业文化先进单位）占竞争力 200 强企业的比重

由图 2-18 可以看出，全国文明单位（或企业文化先进单位）超过 3 项的企业数量占竞争力 200 强企业的 3.5%，但其全国文明单位（或企业文化先进单位）已占到了竞争力200强企业的39.51%；全国文明单位（或企业文化先进单位）为2项的企业数量占竞争力200强企业的3.5%，但其全国文明单位（或企业文化先进单位）占到了竞争力200强企业的17.28%；全国文明单位（或企业文化先进单位）为1项的企业数量占竞争力200强企业的17.5%，但其全国文明单位（或企业文化先进单位）已占到了竞争力200强企业的43.21%；还有151家企业没有获得全国文明单位（或企业文化先进单位）。

2. 全国文明单位（或企业文化先进单位）前10强

入选竞争力200强企业的200家企业中，全国文明单位（或企业文化先进单位）位列前10名（含并列）的企业如表2-16所示。

2013～2015年全国文明单位（或企业文化先进单位）前10名的企业（含并列）　　　　表2-16

序号	200强企业名次	企业名称	全国文明单位（或企业文化先进单位）（项）
1	70	中亿丰建设集团股份有限公司	7
2	156	宁波市建设集团股份有限公司	6
3	91	安徽省外经建设（集团）有限公司	5
3	35	中交第三航务工程局有限公司	5
5	101	南通五建建设工程有限公司	3
5	1	中国建筑第三工程局有限公司	3
5	23	中国建筑第六工程局有限公司	3
8	39	江苏江都建设集团有限公司	2
8	113	湖南高岭建设集团股份有限公司	2
8	147	中建一局集团第五建筑有限公司	2
8	135	十一冶建设集团有限责任公司	2
8	6	陕西建工集团有限公司	2
8	31	新疆生产建设兵团建设工程（集团）有限责任公司	2
8	4	中国建筑第二工程局有限公司	2

2013~2015年全国文明单位（或企业文化先进单位）前10强企业的全国文明单位（或企业文化先进单位）之和为46项，占竞争力200强企业全国文明单位（或企业文化先进单位）之和的56.79%，比前10强企业数量占比高出了48.79个百分点。其中位居第一的中亿丰建设集团股份有限公司全国文明单位（或企业文化先进单位）为7项，占竞争力200强企业全国文明单位（或企业文化先进单位）之和的8.64%。

第3章 2015年度中国建筑业成长性200强企业分析

3.1 成长性200强企业的总体情况

3.1.1 成长性200强企业排名基本情况

1. 成长性200强企业成长性指数分布情况

入选2015年度中国建筑业成长性200强企业（以下简称"成长性200强企业"）的200家企业中，五矿二十三冶建设集团有限公司以综合得分1.359960587位居榜首。成长性综合得分位列第二名到第十名的企业为：广西建工集团第一建筑工程有限责任公司、浙江天工建设集团有限公司、广西建工集团第三建筑工程有限责任公司、福建省泷澄建设集团有限公司、中铁四局集团第二工程有限公司、湖南省第五工程有限公司、广西壮族自治区冶金建设公司、山东聊建集团有限公司、云南工程建设总承包公司。成长性200强企业成长性曲线如图3-1所示。从图3-1可以看出，排名前10家公司成长性指数曲线比较陡峭、落差较大，后190家公司成长性指数曲线比较平缓、落差不大。说明前10家企业的成长性差距较大，其他190家企业的成长性差距相对较小。

2. 成长性200强企业资质分布情况

根据《建筑业企业资质管理规定》（中华人民共和国建设部令第87号）可知，建筑业企业应当按照其拥有的注册资本、净资产、专业技术人员、技术装备和已完成的建筑工程业绩等资质条件申请资质，经审查合格，取得相应等级的资质证书后，方可在其资质等级许可的范围内从事建筑活动。从企业资质来看，2015年度入选成长性200强的企业绝大部分为一级或特级资质企业，总体而言，具有一级或特级资质的建筑业企业成长性相对较强。

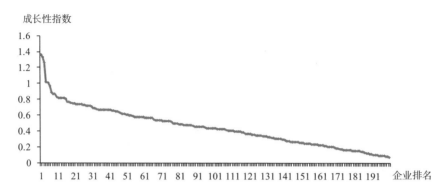

图 3-1 成长性 200 强企业成长性指数曲线

3. 成长性 200 强企业的地区分布情况

从地区分布来看，入选成长性 200 强的企业中，按企业总部所在地进行统计，分别来自 25 个省、直辖市和自治区，如图 3-2 所示。其中江苏企业入围数量为 31 家，名列第一；安徽位列第二位，入围 16 家企业；山东和福建同列第三位，皆入围 15 家企业；北京、陕西、广东同列第四位，皆入围 14 家企业；江西和河南同列第五位，皆入围 11 家企业。其他地区企业入围数量均不超过 10 家。

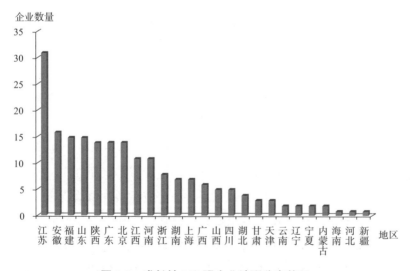

图 3-2 成长性 200 强企业地区分布状况

3.1.2 成长性 200 强企业在建筑业发展中的作用

入选成长性 200 强的企业在建筑业总产值、利润总额、新签合同额等方面都展现出良好的发展势头，并在我国建筑业总产值、利润总额和新签合同额中占有一定的比重。

1. 成长性 200 强企业对全国建筑业总产值的贡献

图 3-3 表示出了 2013～2015 年成长性 200 强企业实现的建筑业总产值及其占全国建筑业总产值的比重。从图 3-3 中可以看出，2013～2015 年成长性 200 强企业的建筑业总产值总体上呈增加趋势，2013 年为 5927.17 亿元，2014 年为 7061.49 亿元，2015 年达到了 7393.51 亿元且为历年最高；其建筑业总产值占全国建筑业总产值的比重总体上亦呈增加趋势，2013 年为 3.70%，2014 年为 4.00%，2015 年达到了 4.09% 且为历年最高。

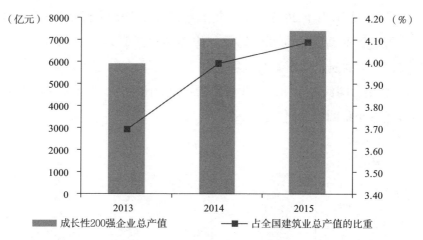

图 3-3　2013～2015 年成长性 200 强企业总产值及其占全国建筑业总产值的比重

2. 成长性 200 强企业对全国建筑业利润总额的贡献

图 3-4 表示出了 2013～2015 年成长性 200 强企业实现的利润总额及其占全国建筑业利润总额的比重。从图 3-4 中可以看出，2013～2015 年成长性 200 强企业实现的利润总额总体上呈增加趋势，2015 年达到了 6508.00 亿元，为历年最高。2013～2015 年其利润总额在全国建筑业实现

利润中所占的比重总体上亦呈增加趋势，2015年为4.25%，为历年最高。

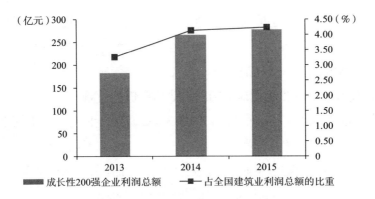

图 3-4　2013～2015 年成长性 200 强企业利润总额及其占全国建筑业利润总额的比重

3. 成长性 200 强企业对全国建筑业新签合同额的贡献

图 3-5 表示出了 2013～2015 年成长性 200 强企业新签合同额及其占全国建筑业新签合同额的比重。从图 3-5 中可以看出，2013～2015 年成长性 200 强企业新签合同额总体上呈下降态势，2015 年有小幅回升；其新签合同额占全国建筑业新签合同额的比重亦总体上呈下降态势，2015 年有小幅回升，回升到 4.58%。

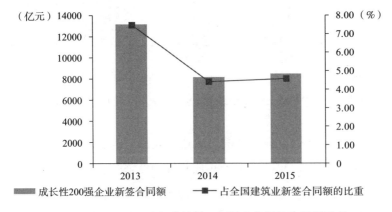

图 3-5　2013～2015 年成长性 200 强企业新签合同额及其占全国建筑业新签合同额的比重

3.2 成长性 200 强企业规模成长性分析

反映成长性 200 强企业规模的指标包括了经营规模的 4 项分类细化指标和资产规模的 2 项分类细化指标。这里分别对这 6 项分类细化指标进行分析。

3.2.1 全年营业收入合计

1.2015 年全年营业收入合计分布情况

成长性 200 强企业 2015 年全年营业收入合计为 6370.402543 亿元。不同全年营业收入合计水平企业的数量分布及其全年营业收入合计占成长性 200 强企业全年营业收入合计的比重，见图 3-6。

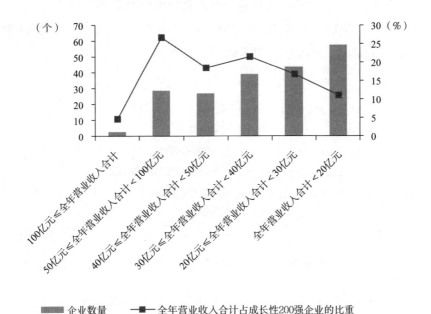

图 3-6 不同全年营业收入合计水平企业的数量分布及其全年营业收入合计占成长性 200 强企业的比重

由图 3-6 可以看出，全年营业收入合计超过 100 亿元的企业数量占成长性200强企业的1.5%，但其全年营业收入合计占到了成长性200强企业的4.89%；全年营业收入合计在50亿元到100亿元之间的企业数量占成长性200强企业的14.5%，但其全年营业收入合计占到了成长性200强企业的26.78%；全年营业收入合计在40亿元到50亿元之间的企业数量占成长性200强企业的13.5%，其全年营业收入合计占到了成长性200强企业的18.60%；全年营业收入合计在30亿元到40亿元之间的企业数量占成长性200强企业的19.5%，其全年营业收入合计占成长性200强企业的21.64%；全年营业收入合计在20亿元到30亿元之间的企业数量占成长性200强企业的22%，但其全年营业收入合计只占成长性200强企业的16.91%；全年营业收入合计在20亿元以下的企业数量占成长性200强企业的29%，但其全年营业收入合计只占成长性200强企业的11.20%。

2. 2013~2015年年均全年营业收入合计的分布情况

成长性200强企业2013~2015年年均全年营业收入总和为5855.070426亿元。具体分布如图3-7。

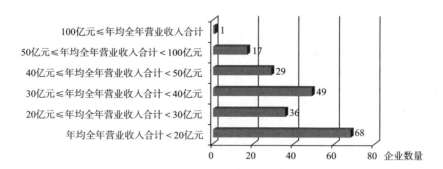

图3-7 成长性200强企业2013~2015年年均全年营业收入合计的分布情况

从图3-7可以看出，成长性200强企业2013~2015年年均全年营业收入合计主要集中在20亿元以内，共有68家企业。其次是30亿~40亿元之间和20亿~30亿元之间，分别有49家企业和36家企业。

3. 全年营业收入合计增长情况分析

对比成长性200强企业2013~2015年的全年营业收入合计，可以得出成长性200强企业2013～2015年全年营业收入合计平均增长率的分布情况，见图3-8。

从图3-8中可以看出，有163家企业的全年营业收入合计都取得了一定幅度的增长，有37家企业的全年营业收入合计出现负增长。

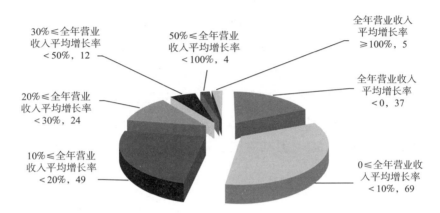

图3-8　成长性200强企业2013～2015年全年营业收入合计平均增长率的分布情况

成长性200强企业2013～2015年全年营业收入合计平均增长率的平均值为28.69%，体现了成长性200强企业全年营业收入合计良好的增长势头。全年营业收入合计平均增幅位列前5名的企业是：河南宝鼎建设工程有限公司、福建磊鑫（集团）有限公司、中建协和建设有限公司、瑞洲建设集团有限公司、福建省东霖建设工程有限公司。这5家企业全年营业收入合计平均增长率分别达到了205.77%、179.93%、178.43%、124.06%、116.97%。

3.2.2　建筑业总产值

1. 2015年度建筑业总产值分布情况

成长性200强企业2015年建筑业总产值总和为5054.6419亿元。不同建筑业总产值水平企业的数量分布及其建筑业总产值占成长性200强企业建筑业总产值之和的比重，如图3-9所示。

由图3-9可以看出，建筑业总产值超过100亿元的企业数量占成长性200强企业的2.5%,但其建筑业总产值占到了成长性200强企业的10.51%;建筑业总产值在50亿元到100亿元之间的企业数量占成长性200强企业的21.5%,但其建筑业总产值占到了成长性200强企业的36.93%;建筑业总产值在40亿元到50亿元之间的企业数量占成长性200强企业的11%,其建筑业总产值占到了成长性200强企业的12.98%;建筑业总产值在30亿元到40亿元之间的企业数量占成长性200强企业的17.5%,但其建筑业总产值仅占成长性200强企业的16.73%;建筑业总产值在20亿元到30亿元之间的企业数量占成长性200强企业的21.5%,但其建筑业总产值仅占成长性200强企业的14.73%;建筑业总产值在20亿元以下的企业数量占成长性200强企业的26%,但其建筑业总产值仅占成长性200强企业的8.12%。

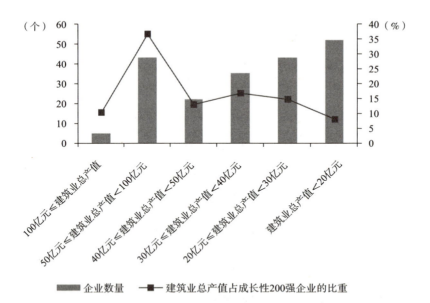

图3-9 不同建筑业总产值水平企业的数量分布及其建筑业总产值占成长性200强企业的比重

2. 2013～2015年年均建筑业总产值的分布情况

成长性200强企业2013～2015年年均建筑业总产值总和为6794.063

亿元。具体分布如图 3-10 所示。

从图 3-10 可以看出，成长性 200 强企业 2013～2015 年年均建筑业总产值主要集中在 20 亿元以下，共有 62 家企业。其次是 30 亿~40 亿元之间和 20 亿~30 亿元之间，皆有 38 家企业。

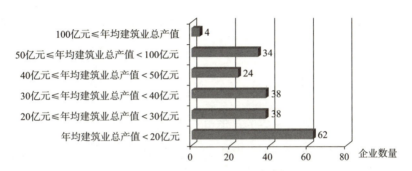

图 3-10　成长性 200 强企业 2013～2015 年年均建筑业总产值的分布情况

3. 建筑业总产值增长情况分析

对比成长性 200 强企业 2013～2015 年的建筑业总产值，可以得出成长性 200 强企业 2013～2015 年建筑业总产值平均增长率的分布情况，如图 3-11 所示。

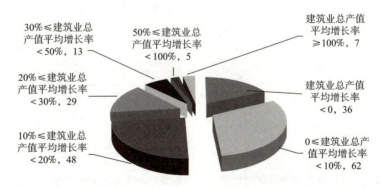

图 3-11　成长性 200 强企业 2013～2015 年建筑业总产值平均增长率的分布情况

从图 3-11 中可以看出，164 家企业建筑业总产值都取得了增长，36 家企业的建筑业增加值出现负增长。

成长性200强企业2013～2015年建筑业总产值平均增长率的平均值为16.91%。取得增长的164家企业中，有7家企业建筑业总产值平均增长率大于100%。建筑业总产值平均增幅位列前5名的企业是：北京城建远东建设投资集团有限公司、河南宝鼎建设工程有限公司、甘肃路桥建设集团有限公司、福建磊鑫（集团）有限公司、中建协和建设有限公司；这5家企业建筑业总产值的平均增长率分别是214.62%、205.77%、192.95%、179.93%和178.43%。

3.2.3 在外省完成的产值

1.2015年度在外省完成的产值分布情况

成长性200强企业2015年在外省完成的产值总和为2834.100443亿元。不同在外省完成的产值水平企业的数量分布及其在外省完成的产值占成长性200强企业在外省完成的产值之和的比重，如图3-12所示。

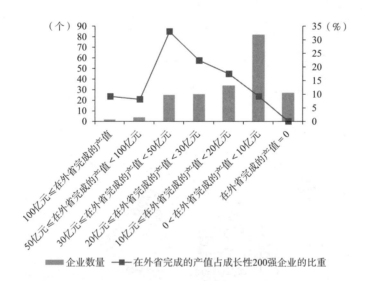

图3-12 不同在外省完成的产值水平企业的数量分布及其在外省完成的产值占成长性200强企业的比重

由图3-12可以看出，在外省完成的产值超过100亿元的企业数量占成长性200强企业的1%，但其在外省完成的产值占到了成长性200

强企业的 9.29%；在外省完成的产值在 50 亿元到 100 亿元之间的企业数量占成长性 200 强企业的 2%，但其在外省完成的产值占到了成长性 200 强企业的 8.20%；在外省完成的产值在 30 亿元到 50 亿元之间的企业数量占成长性 200 强企业的 12.5%，但其在外省完成的产值占到了成长性 200 强企业的 33.27%；在外省完成的产值在 20 亿元到 30 亿元之间的企业数量占成长性 200 强企业的 13%，其在外省完成的产值占成长性 200 强企业的 22.34%；在外省完成的产值在 10 亿元到 20 亿元之间的企业数量占成长性 200 强企业的 17%，其在外省完成的产值占成长性 200 强企业的 17.52%；在外省完成的产值在 0 到 10 亿元之间的企业数量占成长性 200 强企业的 41%，但其在外省完成产值仅占成长性 200 强企业的 9.38%；还有 27 家企业在外省完成的产值为 0。

2. 2013～2015 年年均在外省完成的产值的分布情况

成长性 200 强企业 2013～2015 年年均在外省完成的产值总和为 2635.348102 亿元。具体分布情况如图 3-13 所示。

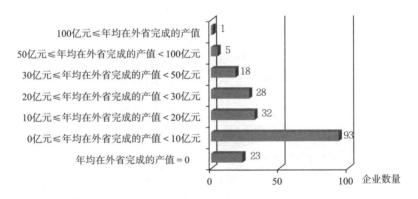

图 3-13 成长性 200 强企业 2013～2015 年年均在外省完成的产值的分布情况

从图 3-13 可以看出，成长性 200 强企业 2013～2015 年年均在外省完成的产值主要集中在 0~10 亿元之间，共有 93 家企业。其次是 10 亿~20 亿元之间和 20 亿~30 亿元之间，分别有 32 家企业和 28 家企业。

3. 在外省完成产值增长情况分析

对比成长性 200 强企业 2013～2015 年在外省完成的产值，可以得出成长性200强企业2013～2015年在外省完成的产值平均增长率的分布情况，见图3-14。

从图3-14中可以看出，130家企业在外省完成的产值都取得了增长，42家企业在外省完成的产值出现负增长，还有28家企业2013～2015年无在外省完成的产值。

成长性200强企业2013～2015年外省完成的产值平均增长率的平均值为25.77%。取得增长的130家企业中，有13家企业在外省完成的产值平均增长率大于100%。在外省完成的产值增幅位列前5名的企业是：福建磊鑫（集团）有限公司、河南省祁湾建筑公司、昆明一建建设集团有限公司、广东大城建设集团有限公司、山东黄河建工有限公司，这5家企业在外省完成的产值平均增长率分别为883.89%、401.40%、306.06%、293.40%和228.75%。

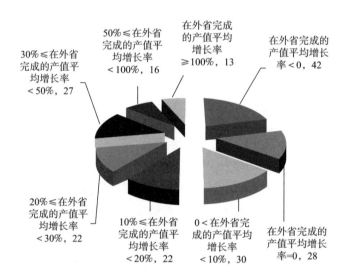

图3-14 成长性200强企业2013～2015年在外省完成的产值平均增长率的分布情况

3.2.4 新签工程承包合同额

1. 2015年度新签合同额分布情况

成长性200强企业2015年新签合同额总和为8445.79719亿元。不同新签合同额水平企业的数量分布及其新签合同额占成长性200强企业新签合同额之和的比重，如图 3-15 所示。

由图 3-15 可以看出，新签合同额超过 200 亿元的企业数量占成长性 200 强企业的 1.5%，但其新签合同额占到了成长性 200 强企业的 8.60%；新签合同额在 100 亿元到 200 亿元之间的企业数量占成长性 200 强企业的 5.5%，但其新签合同额占到了成长性 200 强企业的 15.70%；新签合同额在 70 亿元到 100 亿元之间的企业数量占成长性 200 强企业的 7%，其新签合同额占成长性 200 强企业的 13.61%；新签合同额在 50 亿元到 70 亿元之间的企业数量占成长性 200 强企业的 16.5%，其新签合同额占成长性 200 强企业的 23.20%；新签合同额在 30 亿元到 50 亿元之间的企业数量占成长性 200 强企业的 23%，但其新签合同额仅占成长性 200 强企业的 21.28%；新签合同额在 10 亿元到 30 亿元之间的企业数量占成长性 200 强企业的 35%，但其新签合同额仅占成长性 200 强企业的 16.17%；新签合同额在 10 亿元以下的企业数量占成长性 200 强企业的 11.5%，但其新签合同额仅占成长性 200 强企业的 1.41%。

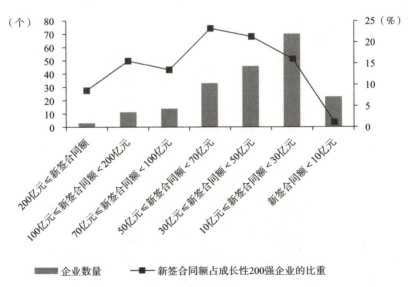

图 3-15　不同新签合同额水平企业的数量分布及其新签合同额占成长性 200 强企业的比重

2.2013～2015年年均新签合同额的分布情况

成长性200强企业2013～2015年年均新签合同额总和为9897.591247亿元。具体分布情况如图3-16所示。

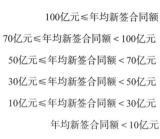
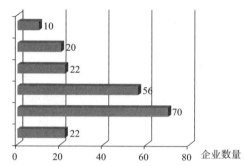

图3-16 成长性200强企业2013～2015年年均新签合同额的分布情况

从图3-16可以看出，成长性200强企业2013～2015年年均新签合同额主要集中在10亿~30亿元之间，共有70家企业。其次是30亿~50亿元之间、50亿~70亿元之间和小于10亿元，分别有56家、22家和22家企业。

3.新签合同额增长情况分析

对比成长性200强企业2013～2015年的新签合同额，可以得出成长性200强企业2013～2015年新签合同额平均增长率的分布情况，如图3-17所示。

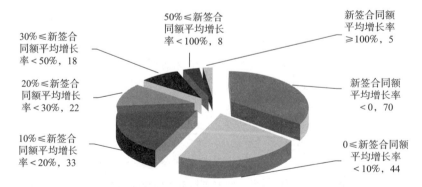

图3-17 成长性200强企业2013～2015年新签合同额平均增长率的分布情况

从图 3-17 中可以看出，130 家企业新签合同额都取得了增长，70 家企业的新签合同额出现负增长。

成长性 200 强企业 2013～2015 年新签合同额平均增长率的平均值为 18.98%。取得增长的 130 家企业中，有 5 家企业新签合同额平均增长率大于 100%。新签合同额增幅位列前 5 名的企业是：中建协和建设有限公司、河南宝鼎建设工程有限公司、福建磊鑫（集团）有限公司、北京大龙顺发建筑工程有限公司、瑞洲建设集团有限公司，这 5 家企业的新签合同额平均增长率分别为 207.34%、186.33%、184.60%、169.21% 和 115.15%。

3.2.5　资产总计

1.2015 年度资产总计分布情况

成长性 200 强企业 2015 年资产总计总和为 4096.901388 亿元。不同资产总计水平企业的数量分布及其资产总计占成长性 200 强企业资产总计之和的比重，如图 3-18 所示。

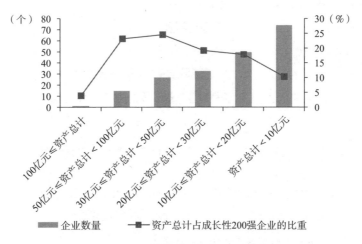

图 3-18　不同资产总计水平企业的数量分布及其
资产总计占成长性 200 强企业的比重

由图 3-18 可以看出，资产总计超过 100 亿元的企业数量占成长性

200强企业的0.5%，但其资产总计占到了成长性200强企业的4.01%；资产总计在50亿元到100亿元之间的企业数量占成长性200强企业的7.5%，但其资产总计占到了成长性200强企业的23.47%；资产总计在30亿元到50亿元之间的企业数量占成长性200强企业的13.5%，其资产总计占到了成长性200强企业的24.79%；资产总计在20亿元到30亿元之间的企业数量占成长性200强企业的16.5%，其资产总计占成长性200强企业的19.28%；资产总计在10亿元到20亿元之间的企业数量占成长性200强企业的25%，但其资产总计仅占成长性200强企业的17.93%；资产总计在10亿元以下的企业数量占成长性200强企业的37%，但其资产总计只占成长性200强企业的10.52%。

2. 2013～2015年年均资产总计的分布情况

成长性200强企业2013～2015年年均资产总计总和为3578.123134亿元。具体分布情况如图3-19所示。

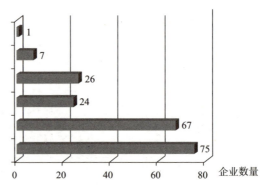

图3-19 成长性200强企业2013～2015年年均资产总计的分布情况

从图3-19可以看出，成长性200强企业2013～2015年年均资产总计主要集中在10亿元以下，共有75家企业。其次是10亿~20亿和30亿~50亿元之间，各有67家和26家企业。

3. 资产总计增长情况分析

对比成长性200强企业2013～2015年的资产总计，可以得出成长性200强企业2013～2015年资产总计平均增长率的分布情况，如

图 3-20 所示。

从图 3-20 中可以看出，175 家企业资产总计都取得了增长，25 家企业的资产总计出现负增长。

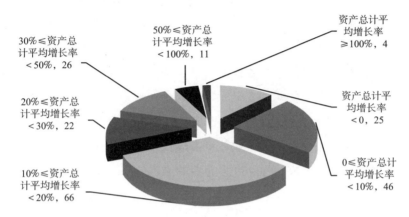

图 3-20 成长性 200 强企业 2013～2015 年资产总计平均增长率的分布情况

成长性 200 强企业 2013～2015 年资产总计平均增长率的平均值为 17.86%。取得增长的 175 家企业中，有 4 家企业资产总计平均增长率大于 100%，有 11 家企业资产总计平均增长率在 50%～100% 之间。资产总计增幅位列前 5 名的企业是：江苏通州二建建设工程有限公司、中国葛洲坝集团三峡建设工程有限公司、河南宝鼎建设工程有限公司、安徽天筑建设（集团）有限公司、深圳市建筑工程股份有限公司。这 5 家企业资产总计的平均增长率分别为 127.51%、117.40%、115.87%、115.28% 和 83.10%。

3.2.6 所有者权益合计

1. 2015 年度所有者权益合计分布情况

成长性 200 强企业 2015 年所有者权益合计总和为 1270.47595 亿元。不同所有者权益合计水平企业的数量分布及其所有者权益合计占成长性 200 强企业所有者权益合计之和的比重，如图 3-21 所示。

由图 3-21 可以看出，所有者权益合计超过 20 亿元的企业数量占成长性 200 强企业的 4.5%，但其所有者权益合计占到了成长性 200 强企业的 18.39%；所有者权益合计在 10 亿元到 20 亿元之间的企业数量占成长性 200 强企业的 11.5%，但其所有者权益合计占到了成长性 200 强企业的 25.01%；所有者权益合计在 7 亿元到 10 亿元之间的企业数量占成长性 200 强企业的 14.5%，其所有者权益合计占到了成长性 200 强企业的 19.27%；所有者权益合计在 5 亿元到 7 亿元之间的企业数量占成长性 200 强企业的 15%，其所有者权益合计占成长性 200 强企业的 13.70%；所有者权益合计在 3 亿元到 5 亿元之间的企业数量占成长性 200 强企业的 23.5%，但其所有者权益合计仅占成长性 200 强企业的 14.39%；所有者权益合计在 3 亿元以下的企业数量占成长性 200 强企业的 31%，但其所有者权益合计只占成长性 200 强企业的 9.25%。

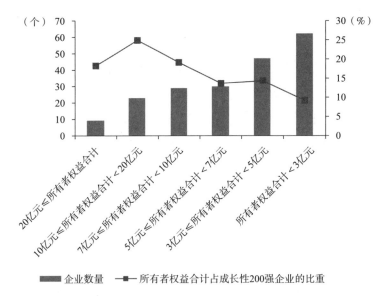

图 3-21 不同所有者权益合计水平企业的数量分布及其所有者权益合计占成长性 200 强企业的比重

2. 2013～2015 年年均所有者权益合计的分布情况

成长性 200 强企业 2013～2015 年年均所有者权益合计总和为 1107.738298 亿元。具体分布情况如图 3-22 所示。

从图 3-22 可以看出，成长性 200 强企业 2013～2015 年年均所有者权益合计主要集中在 3 亿元以下，共有 74 家企业。其次是 3 亿~5 亿元、5 亿~7 亿元和 10 亿~20 亿元，各有 50 家、24 家和 24 家企业。

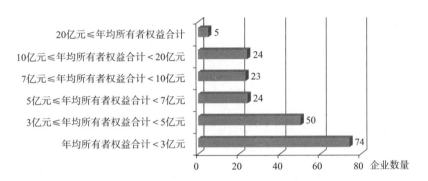

图 3-22　成长性 200 强企业 2013～2015 年年均所有者权益合计的分布情况

3. 所有者权益合计增长情况分析

对比成长性 200 强企业 2013～2015 年的所有者权益合计，可以得出成长性 200 强企业 2013～2015 年所有者权益合计平均增长率的分布情况，如图 3-23 所示。

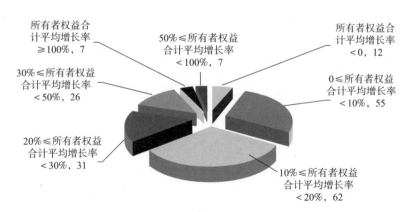

图 3-23　成长性 200 强企业 2013～2015 年所有者权益合计平均增长率的分布情况

从图 3-23 中可以看出，188 家企业所有者权益合计都取得了增长，12 家企业的所有者权益合计出现负增长。

成长性200强企业2013~2015年所有者权益合计平均增长率的平均值为22.61%。取得增长的188家企业中，有14家企业所有者权益合计平均增长率大于50%。所有者权益合计增幅位列前5名的企业是：乾正建设科技集团有限公司、湖北省工业建筑集团有限公司、江苏通州二建建设工程有限公司、深圳市建筑工程股份有限公司、河南宝鼎建设工程有限公司。这5家企业所有者权益合计平均增长率分别为：427.85%、175.92%、171.81%、148.59%和148.35%。

3.3 成长性200强企业效益成长性分析

反映成长性200强企业效益的指标包括了盈利能力的2项分类细化指标和上缴税金的1项分类细化指标。这里分别对这3项分类细化指标进行分析。

3.3.1 利润总额

1. 2015年度利润总额分布情况

成长性200强企业2015年利润总额总和为276.869678亿元。不同利润总额水平企业的数量分布及利润总额占成长性200强企业利润总额之和的比重，如图3-24所示。

由图3-24可以看出，利润总额超过5亿元的企业数量占成长性200强企业的6%，但其利润总额占到了成长性200强企业的42.83%；利润总额在3亿元到5亿元之间的企业数量占成长性200强企业的11%，但其利润总额占到了成长性200强企业的16.51%；利润总额在2亿元到3亿元之间的企业数量占成长性200强企业的13%，但其利润总额占到了成长性200强企业的12.87%；利润总额在1亿元到2亿元之间的企业数量占成长性200强企业的34%，其利润总额占成长性200强企业的20.02%；利润总额在0.5亿元到1亿元之间的企业数量占成长性200强企业的18%，但其利润总额仅占成长性200强企业的5.42%；利润总额在0.5亿元以下的企业数量占成长性200强企业的18%，但其利润总额只占成长性 200 强企业的 2.35%。

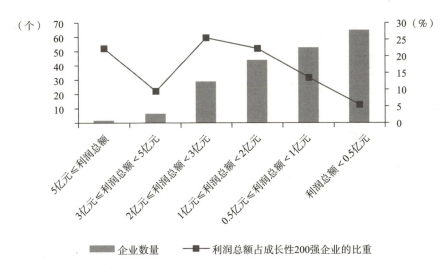

图 3-24 不同利润总额水平企业的数量分布及其
利润总额占成长性 200 强企业的比重

2. 2013～2015 年年均利润总额的分布情况

成长性 200 强企业 2013～2015 年年均利润总额总和为 241.5447223 亿元。具体分布情况如图 3-25 所示。

从图 3-25 可知，成长性 200 强企业 2013～2015 年年均利润总额主要集中在 0.5 亿元以下，共有 72 家企业。其次是 1 亿~2 亿元和 0.5 亿~1 亿元，各有 54 家和 48 家企业。

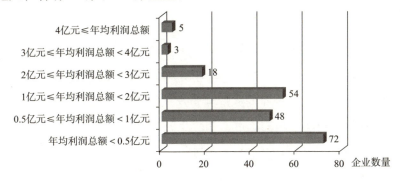

图 3-25 成长性 200 强企业 2013～2015 年年均利润总额的分布情况

3. 利润总额增长情况分析

对比成长性200强企业2013～2015年的利润总额，成长性200强企业2013～2015年利润总额平均增长率的分布情况，见图3-26。

从图3-26中可以看出，141家企业利润总额都取得了增长，59家企业的利润总额出现负增长。成长性200强企业2013～2015年利润总额平均增长率的平均值为22.48%。取得增长的141家企业中，有21家企业利润总额平均增长率大于50%。利润总额增幅位列前5名的企业是：宏盛建业投资集团有限公司、中国葛洲坝集团三峡建设工程有限公司、深圳市建筑工程股份有限公司、乾正建设科技集团有限公司、中建协和建设有限公司。这5家企业利润总额的平均增长率分别为407.46%、400.92%、336.16%、258.97%和242.56%。

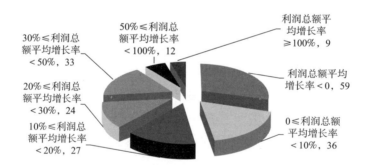

图3-26　成长性200强企业2013～2015年利润总额平均增长率的分布情况

3.3.2　主营业务利润

1. 2015年度主营业务利润分布情况

成长性200强企业2015年主营业务利润总和为867.418211亿元。不同主营业务利润水平企业的数量分布及其主营业务利润占成长性200强企业主营业务利润之和的比重，如图3-27所示。

由图3-27可以看出，主营业务利润超过10亿元的企业数量占成长性200强企业的1.5%，但其主营业务利润占到了成长性200强企业的60.74%；主营业务利润在5亿元到10亿元之间的企业数量占成长性

200强企业的5%，但其主营业务利润占到了成长性200强企业的6.96%；主营业务利润在3亿元到5亿元之间的企业数量占成长性200强企业的11%，但其主营业务利润占成长性200强企业的9.55%；主营业务利润在2亿元到3亿元之间的企业数量占成长性200强企业的15%，其主营业务利润占成长性200强企业的8.41%；主营业务利润在1亿元到2亿元之间的企业数量占成长性200强企业的29.5%，但其主营业务利润仅占成长性200强企业的9.97%；主营业务利润在1亿元以下的企业数量占成长性200强企业的38%，但其主营业务利润只占成长性200强企业的4.35%。

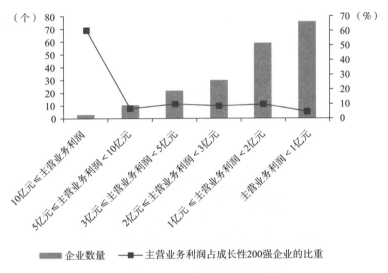

图3-27　不同主营业务利润水平企业的数量分布及其主营业务利润占成长性200强企业的比重

2. 2013~2015年年均主营业务利润的分布情况

成长性200强企业2013~2015年年均主营业务利润总和为497.671294亿元。具体分布如图3-28。

从图3-28可以看出，成长性200强企业2013~2015年年均主营业务利润主要集中在1亿~2亿元之间，共有61家企业。其次是0.5亿~1亿元之间和小于0.5亿元，分别有42家和40家企业。

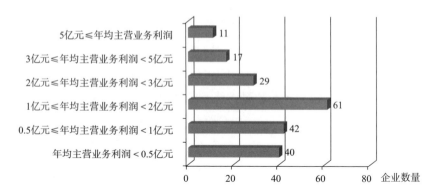

图 3-28 成长性 200 强企业 2013～2015 年年均主营业务利润的分布情况

3. 主营业务利润增长情况分析

对比成长性 200 强企业 2013～2015 年的主营业务利润，可以得出成长性 200 强企业 2013～2015 年主营业务利润平均增长率的分布情况，见图 3-29。

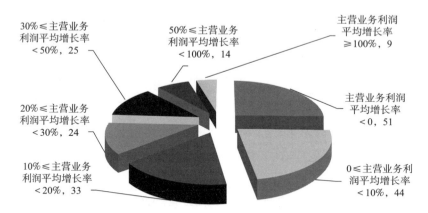

图 3-29 成长性 200 强企业 2013～2015 年主营业务利润平均增长率的分布情况

从图 3-29 中可以看出，149 家企业主营业务利润都取得了增长，51 家企业的主营业务利润出现负增长。

成长性 200 强企业 2013～2015 年主营业务利润平均增长率的平均值为 25.28%。取得增长的 149 家企业中，有 23 家企业主营业务利润平均增长率大于 50%。主营业务利润增幅位列前 5 名的企业是：乾正建设科技集团有限公司、江苏双楼建设集团有限公司、苏通建设集团有限公司、中建协和建设有限公司、福建磊鑫（集团）有限公司。这5家企业主营业务利润的平均增长率分别为258.97%、237.03%、226.53%、217.72%和199.88%。

3.3.3 主营业务税金及附加

1.2015年度主营业务税金及附加分布情况

成长性200强企业2015年主营业务税金及附加总和为210.880254亿元。不同主营业务税金及附加水平企业的数量分布及其主营业务税金及附加占成长性200强企业主营业务税金及附加之和的比重，如图3-30所示。

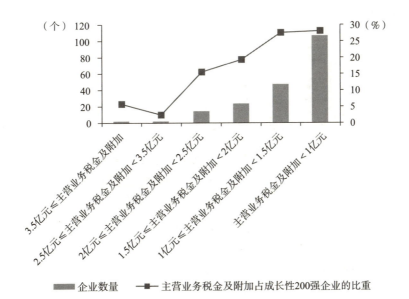

图3-30 不同主营业务税金及附加水平企业的数量分布及其主营业务税金及附加占成长性200强企业的比重

由图3-30可以看出，主营业务税金及附加超过3.5亿元的企业数量占成长性200强企业的1.5%，但其主营业务税金及附加占到了成长性200强企业的6.00%；主营业务税金及附加在2.5亿元到3.5亿元之间的企业数量占成长性200强企业的1%，但其主营业务税金及附加占到了成长性200强企业的2.62%；主营业务税金及附加在2亿元到2.5亿元之间的企业数量占成长性200强企业的7.5%，但其主营业务税金及附加仅占成长性200强企业的15.68%；主营业务税金及附加在1.5亿元到2亿元之间的企业数量占成长性200强企业的12%，其主营业务税金及附加占成长性200强企业的19.54%；主营业务税金及附加在1亿元到1.5亿元之间的企业数量占成长性200强企业的24%，但其主营业务税金及附加仅占成长性200强企业的27.84%；主营业务税金及附加在1亿元以下的企业数量占成长性200强企业的54%，但其主营业务税金及附加只占成长性200强企业的28.32%。

2. 2013～2015年年均主营业务税金及附加的分布情况

成长性200强企业2013～2015年年均主营业务税金及附加总和为194.0354937亿元。具体分布情况如图3-31所示。

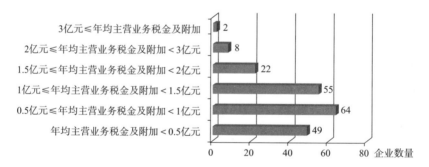

图3-31 成长性200强企业2013～2015年年均主营业务税金及附加的分布情况

从图3-31可以看出，成长性200强企业2013～2015年年均主营业务税金及附加主要集中在0.5亿~1亿元之间，共有64家企业。其次是1亿~1.5亿元之间和0.5亿元以下，分别有55家和49家企业。

3. 主营业务税金及附加增长情况分析

对比成长性200强企业2013～2015年的主营业务税金及附加，可以得出成长性200强企业2013～2015年主营业务税金及附加平均增长率的分布情况，如图3-32所示。

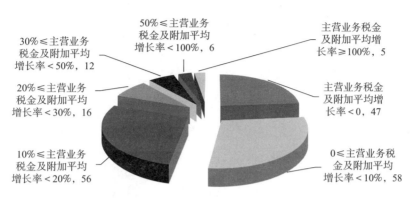

图 3-32　成长性 200 强企业 2013～2015 年主营业务税金及
附加平均增长率的分布情况

从图 3-32 中可以看出，153 家企业主营业务税金及附加都取得了增长，47 家企业的主营业务税金及附加出现负增长。

成长性 200 强企业 2013～2015 年主营业务税金及附加平均增长率的平均值为 15.53%。取得增长的 153 家企业中，有 11 家企业主营业务税金及附加平均增长率大于 50%。主营业务税金及附加增幅位列前 5 名的企业是：通号工程局集团有限公司、乾正建设科技集团有限公司、福建磊鑫（集团）有限公司、瑞洲建设集团有限公司、中建协和建设有限公司。这 5 家企业主营业务税金及附加的平均增长率分别为 545.26%、336.47%、179.94%、140.90% 和 120.14%。

3.4　成长性 200 强企业科技、质量和精神文明状况分析

反映成长性 200 强企业科技、质量精神文明状况的有国家级科技进步奖、国家级工法、发明类专利、中国建设工程鲁班奖（国家优质工程）、全国五一劳动奖状、全国文明单位、省部级工法、省部级优质工程奖 8 项分类细化指标。这里分别对这 8 项分类细化指标进行分析。

3.4.1　国家级科技进步奖

入选成长性 200 强企业中，不同国家级科技进步奖企业的数量分布

及其国家级科技进步奖占成长性 200 强企业国家级科技进步奖之和的比重，如图 3-33 所示。

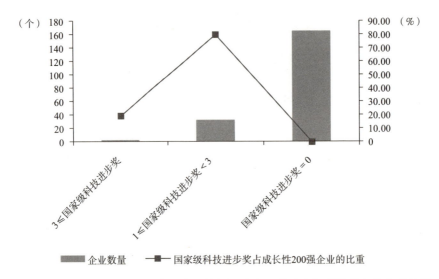

图 3-33 不同国家级科技进步奖企业的数量分布及其国家级科技进步奖占成长性 200 强企业的比重

由图 3-33 可以看出，国家级科技进步奖大于等于 3 项的企业数量占成长性 200 强企业的 1%，但其国家级科技进步奖占到了成长性 200 强企业的 19.69%；国家级科技进步奖在 1 项到 3 项之间的企业数量占成长性 200 强企业的 16.5%，但其国家级科技进步奖占到了成长性 200 强企业的 80.31%；还有 165 家国家级科技进步奖为 0。

3.4.2 国家级工法

入选成长性 200 强企业中，不同国家级工法企业的数量分布及其国家级工法占成长性 200 强企业国家级工法之和的比重，如图 3-34 所示。

由图 3-34 可以看出，国家级工法大于等于 5 项的企业数量占成长性 200 强企业的 1.5%，但其国家级工法占到了成长性 200 强企业的 16.33%；国家级工法在 4 项到 5 项之间的企业数量占成长性 200 强企业的 1.5%，但其国家级工法占到了成长性 200 强企业的 8.16%；国家级工法在 3 项到 4 项之间的企业数量占成长性 200 强企业的 7%，其国家级工法占成长性 200 强企业的 28.57%；国家级工法在 2 项到 3 项之间的企业数量占成长性 200 强企业的 8%，但其国家级工法占成长性 200 强企业的 21.77%；国家级工法在 1 项到 2 项之间的企业数量占成长性 200 强企业的 18.5%，但其国家级工法占成长性 200 强企业的 25.17%；还有 127 家企业国家级工法为 0。

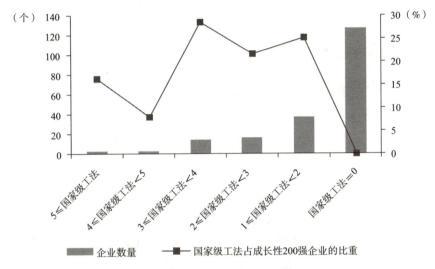

图 3-34　不同国家级工法企业的数量分布及其国家级工法占成长性 200 强企业的比重

3.4.3　发明类专利

入选成长性 200 强企业中，不同发明类专利企业的数量分布，及其发明类专利占成长性 200 强企业发明类专利之和的比重，如图 3-35 所示。

由图 3-35 可以看出，发明类专利大于等于 20 项的企业数量占成长性 200 强企业的 4%，但其发明类专利占到了成长性 200 强企业的 33.70%；发明类专利在 15 项到 20 项之间的企业数量占成长性 200 强企业的 1.5%，但其发明类专利占到了成长性 200 强企业的 6.93%；发明类专利在 10 项到 15 项之间的企业数量占成长性 200 强企业的 3%，其发明类专利占成长性 200 强企业的 9.97%；发明类专利在 5 项到 10 项之间的企业数量占成长性 200 强企业的 10.5%，但其发明类专利占成长性 200 强企业的 19.69%；发明类专利在 1 项到 5 项之间的企业数量占成长性 200 强企业的 45.5%，但其发明类专利占成长性 200 强企业的 29.68%；还有 71 家企业发明类专利为 0。

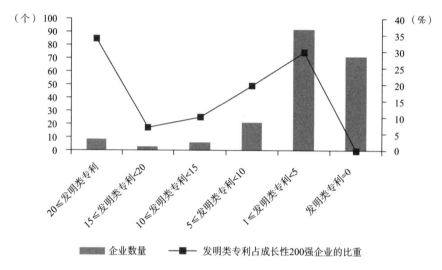

图 3-35　不同发明类专利企业的数量分布及其发明类专利占成长性 200 强企业的比重

3.4.4　中国建设工程鲁班奖（国家优质工程）

入选成长性 200 强的企业中，不同中国建设工程鲁班奖（国家优质工程）项数水平企业的数量分布，及其鲁班奖（国家优质工程）项数占成长性 200 强企业鲁班奖（国家优质工程）项数之和的比重，如图 3-36 所示。

由图 3-36 可以看出，中国建设工程鲁班奖项数等于 8 项的企业数量占成长性 200 强企业的 0.5%，但其鲁班奖（国家优质工程）项数占到了成长性 200 强企业的 7.08%；鲁班奖（国家优质工程）项数等于 6 项的企业数量占成长性 200 强企业的 0.5%，但其鲁班奖（国家优质工程）项数占到了成长性 200 强企业的 5.31%；鲁班奖（国家优质工程）项数等于 4 项的企业数量占成长性 200 强企业的 3%，但其鲁班奖（国家优质工程）数占到了成长性 200 强企业的 21.24%；鲁班奖（国家优质工程）数等于 3 项的企业数量占成长性 200 强企业的 2%，但其鲁班奖（国家优质工程）数占到了成长性 200 强企业的 10.62%；鲁班奖（国家优质工程）数等于 2 项的企业数量占成长性 200 强企业的 5.5%，但其鲁班奖（国家优质工程）数占到了成长性 200 强企业的 19.47%；鲁班奖（国家优质工程）数等于 1 项的企业数量占成长性 200 强企业的 20.5%，但其鲁班奖（国家优质工程）数占到了成长性 200 强企业的 36.28%；还有 136 家企业鲁班奖（国家优质工程）数为 0。

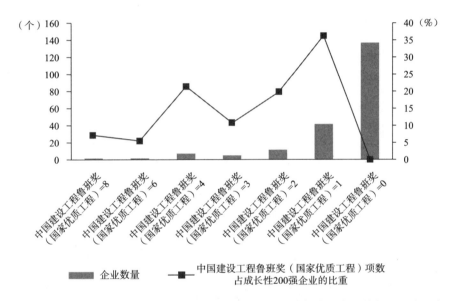

图 3-36　不同鲁班奖（国家优质工程）项数水平企业的数量分布及其鲁班奖（国家优质工程）数占成长性 200 强企业的比重

3.4.5　全国五一劳动奖状

入选成长性 200 强企业中，不同全国五一劳动奖状项数水平企业的数量分布及其全国五一劳动奖状占成长性 200 强企业全国五一劳动奖状项数之和的比重，如图 3-37 所示。

由图 3-37 可以看出，五一劳动奖状项数等于 4 项的企业数量占成长性 200 强企业的 1%，但其五一劳动奖状项数占到了成长性 200 强企业的 22.22%；五一劳动奖状项数等于 3 项的企业数量占成长性 200 强企业的 0.5%，但其五一劳动奖状项数占到了成长性 200 强企业的 8.33%；五一劳动奖状项数等于 2 项的企业数量占成长性 200 强企业的 1%，但其五一劳动奖状项数占到了成长性 200 强企业的 11.11%；五一劳动奖状项数等于 1 项的企业数量占成长性 200 强企业的 10.5%，但其五一劳动奖状项数占到了成长性 200 强企业的 58.33%；还有 174 家企业五一劳动奖状项数为 0。

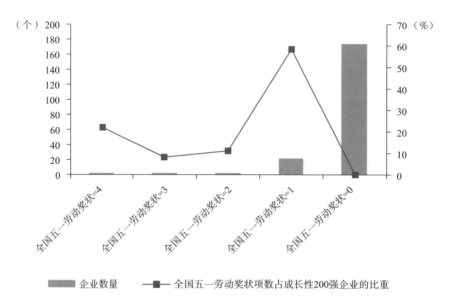

图 3-37 不同五一劳动奖状项数水平企业的数量分布及其五一劳动奖状项数占成长性 200 强企业的比重

3.4.6 全国文明单位

入选成长性 200 强企业中，不同全国文明单位项数水平企业的数量分布及其全国文明单位占成长性 200 强企业全国文明单位项数之和的比重，如图 3-38 所示。

由图 3-38 可以看出，全国文明单位项数大于等于 3 项的企业数量占成长性 200 强企业的 2%，但其全国文明单位项数占到了成长性 200 强企业的 10.09%；全国文明单位项数在 1 项到 2 项之间的企业数量占成长性 200 强企业的 19%，但其全国文明单位项数占到了成长性 200 强企业的 89.91%；还有 158 家企业五一劳动奖状项数为 0。

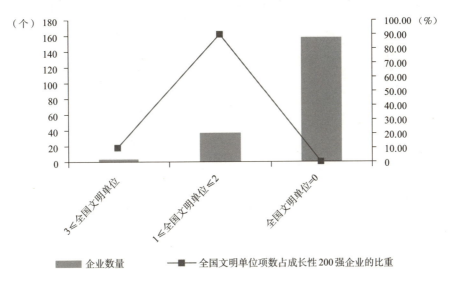

图 3-38　不同全国文明单位项数水平企业的数量分布及其全国文明单位项数占成长性 200 强企业的比重

3.4.7　省部级工法

入选成长性 200 强企业中，不同省部级工法企业的数量分布及其省部级工法项数占成长性 200 强企业省部级工法之和的比重，如图 3-39 所示。

由图 3-39 可以看出，省部级工法项数大于等于 50 项的企业数量占成长性 200 强企业的 1%，但其省部级工法项数占到了成长性 200 强企业的 7.05%；省部级工法项数在 40 项到 50 项之间的企业数量占成长性 200 强企业的 0.5%，但其省部级工法项数占到了成长性 200 强企业的 2.86%；省部级工法项数在 30 项到 40 项之间的企业数量占成长性 200 强企业的 2.5%，其省部级工法项数占成长性 200 强企业的 10.55%；省部级工法项数在 20 项到 30 项之间的企业数量占成长性 200 强企业的 6.5%，但其省部级工法项数占成长性 200 强企业的 19.95%；省部级工法在 10 项到 20 项之间的企业数量占成长性 200 强企业的 19.5%，但其省部级工法项数占成长性 200 强企业的 32.40%；省部级工法在 1 项到 10 项之间的企业数量占成长性 200 强企业的 47%，但其省部级工法项数占成长性 200 强企业的 27.19%；还有 23 家企业省部级工法为 0。

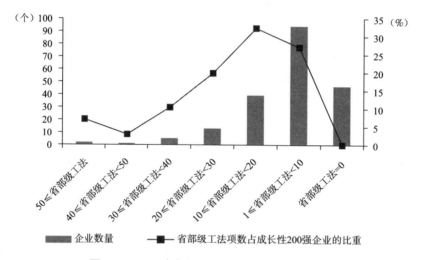

图 3-39 不同省部级工法企业的数量分布及其
省部级工法项数占成长性 200 强企业的比重

3.4.8 省部级优质工程奖

入选成长性 200 强企业中，不同省部级优质工程奖企业的数量分布及其省部级优质工程奖占成长性 200 强企业省部级优质工程奖之和的比重，如图 3-40 所示。

由图 3-40 可以看出，省部级优质工程奖大于等于 30 项的企业数量占成长性 200 强企业的 5.5%，但其省部级优质工程奖占到了成长性 200 强企业的 25.38%；省部级优质工程奖在 20 项到 30 项之间的企业数量占成长性 200 强企业的 8.5%，但其省部级优质工程奖占到了成长性 200 强企业的 20.51%；省部级优质工程奖在 10 项到 20 项之间的企业数量占成长性 200 强企业的 21.5%，其省部级优质工程奖占成长性 200 强企业的 29.95%；省部级优质工程奖在 5 项到 10 项之间的企业数量占成长性 200 强企业的 26.5%，但其省部级优质工程奖仅占成长性 200 强企业的 17.51%；省部级优质工程奖在 1 项到 5 项之间的企业数量占成长性

200 强企业的 27.5%，但其省部级优质工程奖仅占成长性 200 强企业的 6.65%；还有 21 家企业省部级优质工程奖为 0。

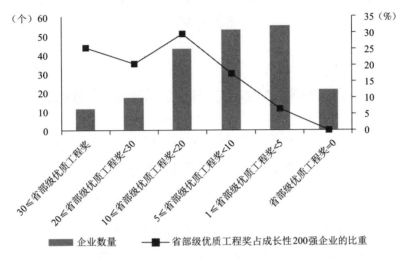

图 3-40　不同省部级优质工程奖企业的数量分布及其省部级优质工程奖占成长性 200 强企业的比重

第 4 章 2015 年度中国建筑业双 200 强企业比较分析

4.1 竞争力 200 强企业与中国企业 500 强的对比分析

本节主要针对竞争力 200 强企业进行分析。对于成长性 200 强企业，因为其企业总收入均在中国企业 500 强的入选门槛之外，所以对其不做分析。

4.1.1 进入 2016 中国企业 500 强中的建筑业企业

2016 中国企业 500 强的入选门槛为 2015 年营业收入总额 2434592 万元。其中，进入中国企业 500 强的建筑企业有 46 家，建筑业企业入选门槛为 2015 年营业收入总额为 2530047 万元。表 4-1 给出了进入 2016 中国企业 500 强的建筑业企业及其营业收入情况。

进入 2016 中国企业 500 强的建筑业企业列表　　　　表 4-1

序号	500 强中排名	企业名称	营业收入（万元）
1	6	中国建筑股份有限公司	88057713
2	13	中国铁路工程总公司	62488857
3	14	中国铁道建筑总公司	60111385
4	19	太平洋建设集团有限公司	45905631
5	23	中国交通建设集团有限公司	42585682
6	43	中国电力建设集团有限公司	28661193
7	60	中国冶金科工集团有限公司	22192950

续表

序号	500强中排名	企业名称	营业收入（万元）
8	66	中国能源建设集团有限公司	20878859
9	119	上海建工集团股份有限公司	12543070
10	162	广厦控股集团有限公司	8971015
11	195	广西建工集团有限责任公司	7008182
12	196	南通三建控股有限公司	6882735
13	199	陕西建工集团总公司	6810634
14	215	中国化学工程股份有限公司	6353230
15	220	中天发展控股集团有限公司	6196618
16	238	湖南省建筑工程集团总公司	5569464
17	242	上海城建（集团）公司	5503821
18	244	浙江省建设投资集团有限公司	5500256
19	256	四川华西集团有限公司	5171782
20	259	北京城建集团有限责任公司	5079218
21	263	中南控股集团有限公司	5040637
22	288	重庆建工投资控股有限责任公司	4624650
23	294	江苏南通二建集团有限公司	4459278
24	298	云南建工集团有限公司	4423530
25	308	甘肃省建设投资（控股）集团总公司	4250915
26	311	江苏省苏中建设集团股份有限公司	4218852
27	319	广州市建筑集团有限公司	4116464
28	347	浙江中成控股集团有限公司	3763391
29	352	安徽建工集团有限公司	3698666

续表

序号	500强中排名	企业名称	营业收入（万元）
30	355	南通四建集团有限公司	3643345
31	362	江西省建工集团有限责任公司	3598741
32	373	山西建筑工程（集团）总公司	3407099
33	380	北京建工集团有限责任公司	3369624
34	394	河北建设集团有限责任公司	3266530
35	406	浙江昆仑控股集团有限公司	3106717
36	410	四川公路桥梁建设集团有限公司	3062241
37	413	山河建设集团有限公司	3048533
38	419	北京市政路桥集团有限公司	3011711
39	421	北京住总集团有限责任公司	3005104
40	425	浙江宝业建设集团有限公司	2983568
41	429	广东省建筑工程集团有限公司	2969028
42	457	龙信建设集团有限公司	2770016
43	460	天元建设集团有限公司	2766325
44	462	河北建工集团有限责任公司	2760579
45	468	新疆生产建设兵团建设工程（集团）有限责任公司	2713168
46	491	成都建筑工程集团总公司	2530047

其中，在进入 2016 中国企业 500 强的 46 家建筑业企业中，公司或下属企业入选竞争力 200 强的企业共有 39 家，具体如表 4-2 所示。

2016 中国企业 500 强的建筑业企业进入竞争力 200 强企业列表　　表 4-2

序号	企业名称	序号	企业名称
1	中国建筑股份有限公司	21	江苏南通二建集团有限公司
2	中国铁路工程总公司	22	云南建工集团有限公司
3	中国铁道建筑总公司	23	甘肃省建设投资（控股）集团总公司
4	中国交通建设集团有限公司	24	江苏省苏中建设集团股份有限公司
5	中国电力建设集团有限公司	25	广州市建筑集团有限公司
6	中国冶金科工集团有限公司	26	安徽建工集团有限公司
7	中国能源建设集团有限公司	27	南通四建集团有限公司
8	上海建工集团股份有限公司	28	山西建筑工程(集团)总公司
9	广厦控股集团有限公司	29	北京建工集团有限责任公司
10	广西建工集团有限责任公司	30	浙江昆仑控股集团有限公司
11	南通三建控股有限公司	31	四川公路桥梁建设集团有限公司
12	陕西建工集团总公司	32	山河建设集团有限公司
13	中国化学工程股份有限公司	33	浙江宝业建设集团有限公司
14	中天发展控股集团有限公司	34	广东省建筑工程集团有限公司
15	湖南省建筑工程集团总公司	35	龙信建设集团有限公司
16	上海城建（集团）公司	36	天元建设集团有限公司
17	浙江省建设投资集团有限公司	37	河北建工集团有限责任公司
18	北京城建集团有限责任公司	38	新疆生产建设兵团建设工程(集团)有限责任公司
19	中南控股集团有限公司	39	成都建筑工程集团总公司
20	重庆建工投资控股有限责任公司		

4.1.2 竞争力200强企业与2016中国企业500强对比

2015年竞争力200强企业中的中国建筑业企业与中国企业500强中的相关数据对比情况如表4-3所示。竞争力200强企业中，有48家企业进入了2016中国企业500强。根据竞争力200强企业申报的2015年企业总收入，其中有9家高出"2016中国企业500强"的入选门槛的企业未申报500强，另有12家高出"2016中国企业500强"的入选门槛的企业均以母公司的名义进入了500强，其在500强中的大致排名情况(根据总收入在500强中营业收入的位置排名)也在表4-3中给出。

2015年竞争力200强企业总收入与中国企业500强企业营业收入对比 表4-3

序号	200强企业排名	企业名称[中括号内为500强中使用的名称]	200强企业申报的总收入（万元）	500强排名	500强中的大致排名	备注
1	1	中国建筑第三工程局有限公司	14364692		107	#
2	2	中国建筑第八工程局有限公司	12790498		119	#
3	3	中国葛洲坝集团股份有限公司	8227493		162	
4	4	中国建筑第二工程局有限公司	10248146		141	#
5	5	北京城建集团有限责任公司	5079200	259		
6	6	陕西建工集团有限公司	6810634	199		
7	7	中国建筑第四工程局有限公司	6199866		220	#
8	8	云南建工集团有限公司	4423530	298		
9	9	广西建工集团有限责任公司	7008182	195		
10	10	中天建设集团有限公司	5179874		256	
11	11	南通三建集团股份有限公司[南通三建控股有限公司]	4962346	196		

续表

序号	200强企业排名	企业名称 [中括号内为500强中使用的名称]	200强企业申报的总收入（万元）	500强排名	500强中的大致排名	备注
12	12	中国建筑第七工程局有限公司	5453861		246	#
13	13	上海城建（集团）公司	5503821	242		
14	14	北京建工集团有限责任公司	3369624	380		
15	16	中铁建工集团有限公司	3733324		350	
16	17	中交第一航务工程局有限公司	3737745		349	#
17	18	江苏南通二建集团有限公司	4459278	294		
18	19	重庆建工投资控股有限责任公司	4624650	288		
19	20	中铁五局集团有限公司	4363843		300	#
20	21	天元建设集团有限公司	2766325	460		
21	22	江苏省华建建设股份有限公司	4081308		324	
22	23	中国建筑第六工程局有限公司	3118090		405	#
23	24	江苏省苏中建设集团股份有限公司	4218852	311		
24	25	安徽建工集团有限公司	3851499	352		
25	26	甘肃省建设投资（控股）集团总公司	4250915	308		
26	27	中铁十六局集团有限公司	3619771		358	#
27	28	广厦建设集团有限责任公司	3786059		345	
28	29	中国铁路通信信号股份有限公司	2449817		500	
29	30	南通四建集团有限公司	3986289	355		
30	31	新疆生产建设兵团建设工程（集团）有限责任公司	2713168	468		

续表

序号	200强企业排名	企业名称[中括号内为500强中使用的名称]	200强企业申报的总收入（万元）	500强排名	500强中的大致排名	备注
31	32	广州建筑股份有限公司[广州市建筑集团有限公司]	4116464	319		
32	33	山西建筑工程（集团）总公司	3407099	373		
33	34	江苏中南建筑产业集团有限责任公司	4018402		327	
34	35	中交第三航务工程局有限公司	3216422		400	#
35	36	江苏省建筑工程集团有限公司	2923439		432	
36	40	中国二十冶集团有限公司	2868062		443	#
37	41	中建三局第一建设工程有限责任公司	2785257		454	#
38	42	四川公路桥梁建设集团有限公司	2859725	410		
39	47	广东省建筑工程集团有限公司	2969028	429		
40	50	成都建筑工程集团总公司	2530047	491		
41	52	山河建设集团有限公司	3048532	413		
42	58	贵州建工集团有限公司	2721466		467	
43	64	龙信建设集团有限公司	2520016	457		
44	67	河北建工集团有限责任公司	2760579	462		
45	79	浙江宝业建设集团有限公司	2983568	425		
46	89	湖南省建筑工程集团公司	5569464	238		
47	150	浙江昆仑建设集团股份有限公司[浙江昆仑控股集团有限公司]	3106717	406		
48	184	中国化学工程第七建设有限公司[中国化学工程股份有限公司]	301478.66	215		#

注：# 表示企业以母公司的名义进入500强。

4.2 双200强企业与全球承包商250强的对比分析

4.2.1 竞争力200强企业与全球承包商250强的对比分析

全球承包商250强是《美国工程新闻纪录》(简称ENR)根据每年各国承包企业在全球范围内(包括本国和国外)的年度营业收入评选出的250家承包商。ENR每年在发布全球承包商250强排行榜的同时，还发布包括排名情况、营业额、新增合同额、业务分布、地区分布等几个方面的相关数据，并简要分析当年全球承包商250强的总体情况，以及250强的成长性及业务发展情况。

1. 2016全球承包商250强中的中国内地企业

根据ENR发布的数据，进入2016全球承包商250强的中国内地企业为49家，如表4-4所示。

进入2016全球承包商250强的中国内地企业 表4-4

公司名称	2016全球承包商250强排名	营业收入（百万美元）		新增合同额（百万美元）
		总收入	国际收入	
中国建筑工程总公司	1	115083.2	8727.8	230716.0
中国中铁股份有限公司	2	112670.3	6037.2	151907.9
中国铁建股份有限公司	3	96011.0	2400.0	149470.0
中国交通建设集团有限公司	4	68348.2	19264.6	121006.6
中国电力建设集团有限公司	6	39341.6	11354.6	72450.7
中国冶金科工集团公司	8	33143.2	2677.0	60722.9
上海建工集团股份有限公司	10	26045.5	680.2	26038.7
浙江省建设投资集团有限公司	30	10335.0	613.9	11402.7
中国葛洲坝集团股份有限公司	31	10014.6	2929.4	29202.0

续表

公司名称	2016全球承包商250强排名	营业收入（百万美元）		新增合同额（百万美元）
		总收入	国际收入	
中国化学工程集团公司	32	9927.0	1749.1	10025.0
北京城建集团有限责任公司	37	8461.6	345.3	16312.4
江苏中南建设集团股份有限公司	39	7880.3	48.6	6578.7
安徽建工集团有限公司	40	7773.1	559.2	8394.1
青建集团股份有限公司	41	7705.9	1405.8	6231.3
云南建工集团有限公司	42	7614.0	300.5	10331.4
中石化炼化工程（集团）股份有限公司	46	7302.3	1459.1	8454.3
江苏南通三建集团有限公司	47	7281.2	416.1	4056.0
北京建工集团有限责任公司	48	7128.6	624.3	12827.0
中国机械工业集团有限公司	53	6701.4	5303.5	7333.9
中国东方电气集团有限公司	55	6152.3	668.6	6153.5
上海城建（集团）公司	62	5281.7	453.1	6425.8
江苏南通六建建设集团有限公司	65	5023.4	204.7	5203.5
新疆兵团建设工程（集团）有限责任公司	74	4186.0	619.5	4186.0
中国石油天然气管道局	76	4073.0	1720.0	3708.7
中国通用技术（集团）控股有限责任公司	79	3852.9	905.6	4770.9
中国电力工程顾问集团有限公司	113	2507.3	91.0	5866.7
中国土木工程集团有限公司	119	2310.4	2051.4	8134.7
中国寰球工程公司	121	2246.5	611.6	3747.7

续表

公司名称	2016全球承包商250强排名	营业收入（百万美元）		新增合同额（百万美元）
		总收入	国际收入	
南通建工集团股份有限公司	123	2157.2	300.6	1881.4
中信建设有限责任公司	124	2133.2	2105.1	1999.7
中国江苏国际技术经济合作集团有限公司	125	2122.5	817.3	1748.5
中国石油工程建设公司	128	2098.6	1184.1	3468.3
中石化胜利石油工程有限公司	132	1905.2	321.1	1790.3
浙江省交通工程建设集团有限公司	136	1801.9	155.6	2048.5
大庆油田建设集团有限责任公司	138	1755.4	178.9	1820.8
中国武夷实业股份有限公司	140	1732.8	351.1	2372.5
烟建集团有限公司	146	1649.1	306.8	1485.3
中国水利电力对外公司	150	1508.9	1507.6	1102.2
中石化中原石油工程有限公司	159	1401.4	572.6	1205.1
山东淄建集团	160	1386.7	291.9	1051.1
沈阳远大铝业工程有限公司	165	1341.5	402.7	2208.2
中国石油集团工程设计有限责任公司	171	1274.5	193.6	963.7
中国能源建设集团天津电力建设公司	188	1140.4	352.6	1694.0
中钢设备有限公司	190	1115.5	382.4	816.9
中国电力技术装备有限公司	193	1098.3	558.8	397.5
哈尔滨电气国际工程有限责任公司	198	1017.9	1017.9	NA
中国江西国际经济技术合作公司	206	950.7	712.4	1436.9

续表

公司名称	2016全球承包商250强排名	营业收入（百万美元）		新增合同额（百万美元）
		总收入	国际收入	
中地海外建设集团有限公司	232	808.2	794.0	654.0
中国地质工程集团公司	240	775.7	584.3	889.6

2. 全球承包商250强中的竞争力200强企业

竞争力200强企业中，有12家企业进入2015全球承包商250强，具体如表4-5所示。

进入2016全球承包商250强的竞争力200强企业　　表4-5

2016国际承包商250强排名	2015年度中国建筑业企业竞争力200强企业排名	企业名称
31	3	中国葛洲坝集团股份有限公司
37	6	北京城建集团有限责任公司
39	34	江苏中南建设集团股份有限公司
40	25	安徽建工集团有限公司
42	8	云南建工集团有限公司
47	12	江苏南通三建集团有限公司
48	14	北京建工集团有限责任公司
65	83	江苏南通六建建设集团有限公司
74	31	新疆生产建设兵团建设工程（集团）有限责任公司
125	71	中国江苏国际技术经济合作集团有限公司
146	85	烟建集团有限公司
150	45	中国水利电力对外公司

3. 达到 2016 全球承包商 250 强入选门槛中的竞争力 200 强企业

2016 全球承包商 250 强的入选门槛是 2015 年营业收入总额 72040.0 万美元，按 2015 年平均汇率为 1 美元兑 6.2284 元人民币计算，约合 448693.936 万元，根据竞争力 200 强企业申报的 2015 年企业营业收入，共有 189 家竞争力 200 强企业的营业收入高出 2016 全球承包商 250 强入选门槛。就是说这 189 家企业均有资格进入 2016 全球承包商 250 强。这些企业的地区分布如图 4-1 所示。

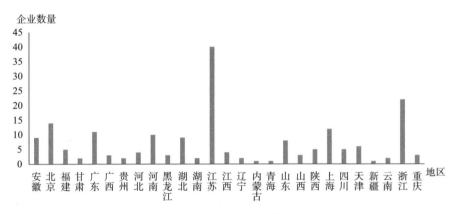

图 4-1 进入 2016 全球承包商 250 强入选门槛的竞争力 200 强企业地区分布

4. 相关数据对比分析

根据竞争力 200 强企业数据，中国建筑业企业竞争力 200 强企业在 2015 年度的营业总收入总和为 36565.93962 亿元（按 2015 年人民币平均汇率为 1 美元兑 6.2284 元人民币计算，约合 5870.839962109049 亿美元），新签合同为人民币 50246.16485 亿元（约合 8067.26685023441 亿美元）。

为了方便比较，将两个榜单中的数据折算为各自每家企业的平均值。2016 全球承包商 250 强在 2015 年的平均营业收入为 55.8936 亿美元，平均国际工程收入为 19.4528 亿美元，平均新增合同额为 20.756 亿美元。中国建筑业企业竞争力 200 强企业在 2015 年的平均营业收入为

23.4833598484362 亿美元，为全球承包商 250 强平均收入的 42%；国际工程平均收入为 1.462352959026395 亿美元，为全球承包商 250 强国际工程平均收入的 7.5%；平均新增合同额为 40.33633425117205 亿美元，为全球承包商 250 强新增合同额的 194.34%，如图 4-2 所示。

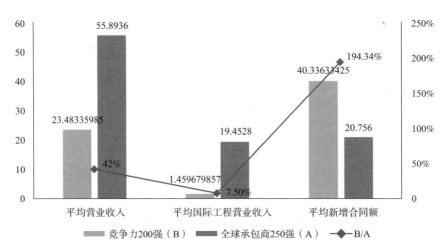

图 4-2　全球承包商 250 强与中国建筑业企业竞争力 200 强企业的数据对比

4.2.2　成长性 200 强企业与全球承包商 250 强的对比分析

同样以前述 2016 全球承包商 250 强的入选门槛营业收入 72040.0 万美元、折合成人民币约为 448693.936 万元为标准，根据成长性 200 强企业申报的 2015 年营业收入，共有 43 家企业的营业收入高于这一门槛，见表 4-6。也就是说，这 43 家企业均有资格报名参加 2016 全球承包商 250 强的评选，并有一定可能性进入这一国际知名评价结果。

成长性 200 强企业中达到 2016 全球承包商 250 强入选门槛的企业　　表 4-6

2016 中国建筑业企业成长性 200 强企业排名	企业名称	营业收入（万元）
1	五矿二十三冶建设集团有限公司	1005944.00
2	广西建工集团第一建筑工程有限责任公司	1091492.10

第4章 2015年度中国建筑业双200强企业比较分析

续表

2016中国建筑业企业成长性200强企业排名	企业名称	营业收入（万元）
3	浙江天工建设集团有限公司	1008627.00
4	广西建工集团第三建筑工程有限责任公司	710018.87
6	中铁四局集团第二工程有限公司	776187.46
7	湖南省第五工程有限公司	472542.00
8	广西壮族自治区冶金建设公司	535426.47
9	山东聊建集团有限公司	645335.10
10	云南工程建设总承包公司	606434.80
11	江苏信拓建设（集团）股份有限公司	599120.50
13	湖北省工业建筑集团有限公司	500980.16
14	中建鑫宏鼎环境集团有限公司	831432.04
18	南通英雄建设集团有限公司	536184.70
19	安徽水安建设集团股份有限公司	535553.34
22	济南一建集团总公司	541676.15
23	中建一局集团第二建筑有限公司	577125.54
24	山东三箭建设工程股份有限公司	691952.33
25	安徽湖滨建设集团有限公司	628074.18
27	江苏省交通工程集团有限公司	554130.00
28	江苏通州二建建设工程有限公司	451669.60
30	山东淄建集团有限公司	515326.36

续表

2016中国建筑业企业成长性200强企业排名	企业名称	营业收入（万元）
31	陕西建工第十一建设集团有限公司	609935.03
32	陕西建工第三建设集团有限公司	525071.00
35	上海公路桥梁（集团）有限公司	574636.00
37	陕西建工机械施工集团有限公司	470293.42
39	福建省惠五建设工程有限公司	591830.00
42	陕西建工第六建设集团有限公司	611201.56
43	福建省九龙建设集团有限公司	470260.00
44	山西省工业设备安装有限公司	597431.51
49	江苏华能建设工程集团有限公司	469283.32
51	江西省城建建设集团有限公司	534052.83
52	山东起凤建工股份有限公司	460000.00
56	山东枣建建设集团有限公司	449588.00
57	宏盛建业投资集团有限公司	576717.00
60	江苏天目建设集团有限公司	502417.78
62	安徽金煌建设集团有限公司	452038.00
66	航达建设集团有限公司	578356.66
67	上海星宇建设集团有限公司	454026.00
73	鲲鹏建设集团有限公司	471426.40
78	中建凯源集团有限公司	519184.98

续表

2016中国建筑业企业成长性200强企业排名	企业名称	营业收入（万元）
79	江苏新龙兴建设集团有限公司	544836.80
89	广东永和建设集团有限公司	461986.00
191	深圳市建筑工程股份有限公司	507274.00

4.3 竞争力200强企业与国际承包商250强的对比分析

国际承包商250强是ENR发布的根据承包商企业国际市场年度营业收入排名的250家承包商，与全球承包商250强一样是世界公认的承包领域权威排名。国际承包商250强与前文所述的全球承包商250强的不同之处在于，国际承包商250强排名的依据是承包企业在除本国以外的国际市场上的年度营业收入，全球承包商250强排名的依据是企业在本国和国际市场上的营业收入之和。

本节主要针对竞争力200强企业进行分析。对成长性200强企业，因为未统计其国际营业收入，故对其不做分析。

4.3.1 2016国际承包商250强中的中国内地企业

2016国际承包商250强入选门槛为2014年国际市场营业收入6270万美元。其中，进入2016国际承包商250强的中国内地企业共有65家。表4-7给出了进入2016国际承包商250强的中国内地企业及其国际市场营业收入情况。

进入2016国际承包商250强的中国内地企业及其
国际市场营业收入情况   表4-7

序号	公司名称	国际承包商250强排名	国际市场收入（百万美元）
1	中国交通建设集团有限公司	3	19264.6

续表

序号	公司名称	国际承包商250强排名	国际市场收入（百万美元）
2	中国电力建设集团有限公司	11	11354.6
3	中国建筑工程总公司	14	8727.8
4	中国中铁股份有限公司	20	6037.2
5	中国机械工业集团公司	23	5303.5
6	中国葛洲坝集团股份有限公司	45	2929.4
7	中国冶金科工集团有限公司	49	2677.0
8	中国铁建股份有限公司	55	2400.0
9	中信建设有限责任公司	58	2105.1
10	中国土木工程集团有限公司	60	2051.4
11	中国化学工程集团公司	67	1749.1
12	中国石油天然气管道局	68	1720.0
13	中国水利电力对外公司	74	1507.6
14	中石化炼化工程（集团）股份有限公司	75	1459.1
15	青建集团股份公司	77	1405.8
16	中国石油工程建设公司	84	1184.1
17	哈尔滨电气国际工程有限责任公司	88	1017.9
18	中国通用技术（集团）控股有限责任公司	92	905.6
19	中国江苏国际经济技术合作集团有限公司	95	817.3
20	中地海外集团	97	794.0
21	中国江西国际经济技术合作公司	103	712.4
22	威海国际经济技术合作股份有限公司	104	710.5

续表

序号	公司名称	国际承包商250强排名	国际市场收入（百万美元）
23	上海建工集团	105	680.2
24	中国东方电气集团有限公司	107	668.6
25	中核集团中国中原对外工程有限公司	109	665.2
26	江西中煤建设集团有限公司	111	653.2
27	北方国际	112	642.7
28	北京建工集团	115	624.3
29	新疆生产建设兵团建设工程（集团）有限责任公司	116	619.5
30	浙江省建设投资集团有限公司	117	613.9
31	中国寰球工程公司	119	611.6
32	中国地质工程集团公司	124	584.3
33	中国石化中原石油工程有限公司	125	572.6
34	安徽建工集团有限公司	127	559.2
35	国家电网中国电力技术装备有限公司	128	558.8
36	中国有色金属建设股份有限公司	129	545.3
37	中国河南国际合作集团有限公司	130	541.3
38	中鼎国际工程有限责任公司	131	539.6
39	上海城建集团	144	453.1
40	安徽省外经建设（集团）有限公司	145	450.9
41	江苏南通三建集团有限公司	150	416.1
42	沈阳远大铝业工程有限公司	153	402.7
43	中钢国际工程技术股份有限公司	160	382.4

续表

序号	公司名称	国际承包商250强排名	国际市场收入（百万美元）
44	中国能源建设集团天津电力建设有限公司	166	352.6
45	中国山东国际经济技术合作公司（中国山东对外经济技术合作集团有限公司）	167	352.1
46	中国武夷实业股份有限公司	168	351.1
47	北京城建集团	171	345.3
48	泛华集团	172	337.7
49	中石化石油工程技术服务有限责任公司胜利石油工程公司	176	321.1
50	中国成套设备进出口（集团）总公司	179	316.2
51	烟建集团有限公司	183	306.8
52	南通建工集团股份有限公司	185	300.6
53	中国云南建工集团有限公司	186	300.5
54	山东淄建集团有限公司	189	291.9
55	中国大连国际经济技术合作集团有限公司	194	263.5
56	中国甘肃国际经济技术合作总公司	196	250.9
57	江苏南通六建设集团有限公司	204	204.7
58	中国石油集团工程设计有限责任公司	209	193.6
59	烟台国际经济技术合作集团有限公司	211	181.8
60	大庆油田建设集团有限责任公司	212	178.9
61	重庆对外建设（集团）有限公司	213	174.6
62	浙江省交通工程建设集团有限公司	218	155.6
63	山东科瑞石油装备有限公司	230	105.1

续表

序号	公司名称	国际承包商250强排名	国际市场收入（百万美元）
64	中国电力工程顾问集团有限公司	236	91.0
65	上海电气集团股份有限公司	249	62.7

4.3.2 国际承包商250强中的竞争力200强企业

在进入2016国际承包商250强的65家中国内地企业中，拥有多家子公司的总公司一般不会以总公司名义申报国内竞争力200强企业。因此，对国际承包商250强企业与竞争力200强企业进行比较分析时，为了客观性考虑将排除那些总公司在国际承包商250强中但其子公司进入国内竞争力200强企业的所有企业。通过对比得出，国内竞争力200强企业中共有15家企业进入了2016国际承包商250强。具体见表4-8。

进入2016国际承包商250强的竞争力200强企业　　表4-8

2016国际承包商250强排名	2015年度中国建筑业企业竞争力200强企业排名	企业名称
45	3	中国葛洲坝集团股份有限公司
74	45	中国水利电力对外公司
95	71	中国江苏国际经济技术合作集团有限公司
115	14	北京建工集团
116	31	新疆生产建设兵团建设工程（集团）有限责任公司
127	25	安徽建工集团有限公司
145	91	安徽省外经建设（集团）有限公司
150	12	江苏南通三建集团有限公司
171	6	北京城建集团

续表

2016 国际承包商 250 强排名	2015 年度中国建筑业企业竞争力 200 强企业排名	企业名称
183	85	烟建集团有限公司
185	100	南通建工集团股份有限公司
186	8	中国云南建工集团有限公司
204	83	江苏南通六建设集团有限公司
212	115	大庆油田建设集团有限责任公司
218	99	浙江省交通工程建设集团有限公司

4.3.3 达到 2016 国际承包商 250 强入选门槛的竞争力 200 强企业

2016 国际承包商 250 强入选门槛为 2015 年国际市场营业收入 6270.0 万美元，按 2015 年人民币平均汇率为 1 美元兑 6.2284 元人民币计算，约合 39052.068 万元，根据竞争力 200 强企业申报的 2015 年国际营业收入，共有 70 家企业的国际营业收入高出 2016 国际承包商 250 强入选门槛，见表 4-9。

竞争力 200 强企业达到 2016 国际承包商 250 强入选门槛的企业　　表 4-9

2015 年度中国建筑业企业竞争力 200 强企业排名	企业名称	国际营业收入（万元）
1	中国建筑第三工程局有限公司	205315.0
2	中国建筑第八工程局有限公司	294208.85
3	中国葛洲坝集团股份有限公司	1758384.29
4	中国建筑第二工程局有限公司	174354.65
5	北京城建集团有限责任公司	130000
6	陕西建工集团有限公司	209578.44

第4章　2015年度中国建筑业双200强企业比较分析

续表

2015年度中国建筑业企业竞争力200强企业排名	企业名称	国际营业收入（万元）
8	云南建工集团有限公司	289418.82
9	广西建工集团有限责任公司	131980
11	江苏南通三建集团股份有限公司	264682
13	上海城建（集团）公司	1570727.04
14	北京建工集团有限责任公司	433025.7
15	中国水利水电第十四工程局有限公司	562391.44
16	中铁建工集团有限公司	316710
17	中交第一航务工程局有限公司	400876.09
20	中铁五局集团有限公司	174933
21	天元建设集团有限公司	356256
22	江苏省华建建设股份有限公司	793242.87
23	中国建筑第六工程局有限公司	254000
25	安徽建工集团有限公司	139200
26	甘肃省建设投资（控股）集团总公司	301970.96
28	广厦建设集团有限责任公司	440789
30	南通四建集团有限公司	64870
31	新疆生产建设兵团建设工程（集团）有限责任公司	530629
34	江苏中南建筑产业集团有限责任公司	44788
35	中交第三航务工程局有限公司	348073.1

续表

2015年度中国建筑业企业竞争力200强企业排名	企业名称	国际营业收入（万元）
36	江苏省建筑工程集团有限公司	359396
37	苏州金螳螂企业（集团）有限公司	133139
38	中国水利水电第七工程局有限公司	393061.35
39	江苏江都建设集团有限公司	52424.27
40	中国二十冶集团有限公司	74075
43	上海宝冶集团有限公司	201915.18
44	河南国基建设集团有限公司	632932
45	中国水利电力对外公司	851612.08
46	中国一冶集团有限公司	323144.03
49	中国五冶集团有限公司	61957.66
51	中交上海航道局有限公司	77138.92
55	中国十九冶集团有限公司	50171
56	中国水利水电第十三工程局有限公司	522192.16
59	中建三局第二建设工程有限责任公司	57649.57
60	中国十七冶集团有限公司	200077
61	中国核工业华兴建设有限公司	84472.16
62	中国水利水电第四工程局有限公司	116784.14
63	江苏邗建集团有限公司	225540
64	龙信建设集团有限公司	52176

续表

2015年度中国建筑业企业竞争力200强企业排名	企业名称	国际营业收入（万元）
67	河北建工集团有限责任公司	62632
71	中国江苏国际经济技术合作集团有限公司	235491
73	正太集团有限公司	133428
74	中国建筑装饰集团有限公司	67284
81	中兴建设有限公司	71623
82	中建安装工程有限公司	44350
83	江苏南通六建建设集团有限公司	138223.2
85	烟建集团有限公司	214810
86	江苏沪宁钢机股份有限公司	517390
87	福建建工集团总公司	115268
89	湖南省建筑工程集团总公司	47857
91	安徽省外经建设（集团）有限公司	427398
96	江苏扬建集团有限公司	45347
99	浙江省交通工程建设集团有限公司	158900
100	南通建工集团股份有限公司	195403
101	南通五建建设工程有限公司	204400
102	中国十五冶金建设集团有限公司	248193
108	浙江省东阳第三建筑工程有限公司	237571.63
109	南京大地建设集团有限责任公司	243761

续表

2015年度中国建筑业企业竞争力200强企业排名	企业名称	国际营业收入（万元）
115	大庆油田建设集团有限责任公司	116296
118	中建钢构有限公司	43429.05
129	海通建设集团有限公司	172300
139	合肥建工集团有限公司	50009
167	中国云南路建集团股份公司	117600.1
180	中交一航局第五工程有限公司	56721.85
184	中国化学工程第七建设有限公司	111735.49